第11回
神社検定
問題と解説

「神社を知ろう！」編　全50問

令和5年6月25日に行われた
「第11回 神社検定」の初級試験は、
「神社検定」副読本『マンガ版　神社のいろは』から
全問が出題されました。

　問題のほとんどは、関連する出題テキストのマンガが掲載
され、それを見ながら回答するという形式のものでした。
　ここでは、そのうち3問のみを掲載します。

※第11回神社検定は、新型コロナ感染症の予防の観点から、
　全級ともオンラインでのみ実施されました。

問1
神社の一般的な構成に関する問題です。神域への「門」にあたり、神域と俗界を分ける結界にもあたるものとは何でしょうか。最もふさわしいものを選んでください。

1．拝殿（はいでん）
2．玉垣（たまがき）
3．鳥居

➡ 『マンガ版 神社のいろは』10ページ「鳥居について教えてください」

正解 3

問2

古代の人々は、神様は一つのところにいつもいらっしゃるわけではなく、お祭りなどのときにお呼びして来ていただくものと思っていました。そのとき、神様は美しい木々や山、岩などに宿られると考えられていたのです。その依代（よりしろ）が岩の場合は、何と呼ばれるでしょうか。

1. 神籬（ひもろぎ）
2. 磐座（いわくら）
3. 神奈備（かんなび）

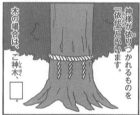

神様が依りつかれるものを「依代」といいます。

木の場合は、ご神木、□。

山の場合は、□、神体山。

例えば、奈良県の大神神社は三輪山を神体山としてお祀りしています。

岩の場合は、□、といいます。

磐境

神倉神社の「ゴトビキ岩」。神倉神社の熊野三山の神々が降り立ったとされています。

➡ 『マンガ版　神社のいろは』12ページ「ご本殿、拝殿について教えてください」

正解　2

問3
伊勢の神宮などのお社（やしろ）でよく見かけるもので、もともと萱葺き（かやぶき）や檜皮葺き（ひわだぶき）などの葺き屋根を押さえるために置かれていたものとは何でしょうか。

1. 垂木（たるき）
2. 鬼板（おにいた）
3. 鰹木（かつおぎ）

➡ 『マンガ版　神社のいろは』14ページ「玉垣と千木、鰹木について教えてください」

正解　3

第11回 神社検定 問題と解説

参級

「神社の基礎と神話」編　全100問
令和5年6月25日に行われた
「第11回 神社検定」の3級試験は、
公式テキスト①『神社のいろは』から70問、
公式テキスト②『神話のおへそ』から30問
が出題されました。
（問題の中には出典が重複するものもあります）

※解説に示しているのは、公式テキストに掲載されている
　関連項目のページ数です。

問1

神社の基本的な配置に関する問題です。神社にはさまざまな建物があります。神様がお鎮まりになっているところがご本殿ですが、一般的に、そのご本殿の前にあり、お参りをするところとは何でしょうか。

1. 拝殿（はいでん）　2. 神楽（かぐら）殿
3. 幣（へい）殿　　　4. 社務所

➡ 『神社のいろは』14ページ「鳥居について教えてください」、16ページ「ご本殿、拝殿について教えてください」

正解　1

問2

境内でご本殿以外に小さなお社（やしろ）を見かけることがあります。その神社のご祭神や神社にゆかりのある神様をお祀りしていますが、その小さなお社を何というでしょうか。

1. 舞殿（まいでん）
2. 斎館（さいかん）
3. 権殿（ごんでん）
4. 摂社・末社（せっしゃ・まっしゃ）

❖ 解 説 ❖

　権殿は仮殿（かりでん）のことで、社殿の造り替えに際してご祭神をお遷しする殿舎です。

➡『神社のいろは』21ページ「境内にある小さなお社について教えてください」、14ページ「鳥居について教えてください」、108ページ「お祭りの基本的な順序について教えてください①」

正解　4

問3

以下の文章の空欄【　】に入る言葉として正しいものを選んでください。

　神社によっては狛犬（こまいぬ）だけでなく、別の動物の像を見つけることもできます。例えば、稲荷神社の狐や天満宮の牛、春日大社の鹿などです。これは祀られている神様の【　】です。鳥や獣、魚とさまざまで、動物が神意を伝えるという話は、『古事記』や『日本書紀』にも見られます。

１．神使（しんし）　２．使徒（しと）
３．神徒（しんと）　４．式神（しきがみ）

❖ 解 説 ❖

使徒は主にキリスト教、式神は陰陽道に関連する言葉です。

➡『神社のいろは』24 ページ「狛犬、石灯籠について教えてください」

正解　1

> **問4**
> 以下の「拝礼、拍手」に関する記述のうち間違っているものを選んでください。
>
> 1．『日本書紀』には、天皇が即位されるときに、群臣たちが手を打って拝礼したことが記されている。
> 2．明治時代は「四拝四拍手二拝」という作法が一般的だった。
> 3．出雲大社では「二拝四拍手一拝」という拝礼作法をとっている。
> 4．現在の神前での拝礼の一般的な基本作法は「二拝二拍手一拝」である。

➡『神社のいろは』38 ページ「拝礼、拍手の仕方について教えてください」

正解　2

問5
以下の文章の空欄【 】に入る言葉として正しいものはどれでしょうか。

　御幣（ごへい）の「幣」とは【 】を意味している。

1．鏡　　2．勾玉　　3．剣　　4．布

➡『神社のいろは』40ページ「鏡と御幣について教えてください」

正解　4

問6
拝殿の中で、榊（さかき）に五色の布を垂らしたものをよく見かけます。これを何というでしょうか。

1．五色の榊
2．幣榊
3．真榊
4．陰陽（おんみょう）の榊

➡『神社のいろは』42ページ「真榊と五色布について教えてください」

正解　3

問7

神社の拝殿などで、「青龍（せいりゅう）」「朱雀（すざく）」「白虎（びゃっこ）」「玄武（げんぶ／亀）」が描かれている旗を見かけることがありますが、これは一般に何と呼ばれているでしょうか。

1. 天蓋旗（てんがいき）
2. 四神（しじん）旗
3. 陰陽（おんみょう）旗
4. 五行（ごぎょう）旗

➡ 『神社のいろは』42ページ「真榊と五色布について教えてください」

正解　2

問8

以下の文章の空欄【　】に入る言葉として正しいものを選んでください。

　平安時代に編纂された「延喜式神名帳（えんぎしきじんみょうちょう）」に収録されている神社のご祭神は、【　】を単位に数えられています。

1. 体　　2. 柱　　3. 座　　4. 基

➡️『神社のいろは』45ページ「お札やお守り、神様の数え方について教えてください」

正解　3

問9

以下の文章の空欄【　】に入る言葉として正しいものはどれでしょうか。

改まって参拝したいときや、特別な祈願がある場合には、社務所か授与所で申し込み、拝殿内で参拝することができます。神社によっては神楽殿で行う場合もありますが、これを昇殿（しょうでん）参拝、もしくは【　】といいます。とくに願い事に関する祝詞（のりと）をあげてもらう場合には、ご祈願やご祈祷ともいいます。

1．神前参拝　　2．神主参拝
3．正式参拝　　4．献饌参拝

➡️『神社のいろは』48ページ「昇殿参拝の作法① 玉串料と服装について教えてください」

正解　3

問 10

以下の文章の空欄【　】に入る言葉として最もふさわしいものを選んでください。

　敬礼の作法には、拝と【　】などがあります。拝は最も敬意を表す動作で、腰を90度折ってひれ伏します。【　】は拝に次ぎ、45度腰を折る深【　】と15度腰を折る小【　】があります。

1．礼　　　　　2．会釈（えしゃく）
3．揖（ゆう）　4．辞儀（じぎ）

→『神社のいろは』50ページ「昇殿参拝の作法②　正座と敬礼の作法について教えてください」
正解　3

問 11

神様のお召し上がり物のことを指す言葉として、一般的にそぐわないものはどれでしょうか。

1．御饌（みけ）　2．お供え
3．お品　　　　　4．神饌（しんせん）

→『神社のいろは』52ページ「昇殿参拝の作法③　修祓と神様へのお供えについて教えてください」
正解　3

問12

以下の文章を読んで空欄【 】に入る言葉として正しいものを選んでください。

　お祭りに先立って、神職はじめ参列者、また、神前に出るものはすべて修祓（しゅばつ）を受けます。修祓では神職の祓詞奏上（はらえことばそうじょう）の後、神職が大麻（おおぬさ）や【 】などでお祓いをします。

1．糠湯（ぬかゆ）　2．塩湯（えんとう）
3．茶湯（さゆ）　　4．砂湯（さとう）

➡『神社のいろは』52ページ「昇殿参拝の作法③修祓と神様へのお供えについて教えてください」
正解　2

問13

以下の文章を読んで空欄【 】に入る言葉として正しいものを選んでください。

　直会は、お祭りに際して事前に行った【 】を解いて通常の生活に戻るために行うこと、とする説もあります。神様のお祭りに際しては、人々は心身ともに清浄にするためにお籠（こも）りして肉食を断つなど、厳しい禊を行っていました。神職は今でも大きなお祭りの際には、厳格に【 】を行っています。

1．潔斎（けっさい）	2．断食
3．荒行	4．互斎（ごさい）

➡『神社のいろは』54 ページ「昇殿参拝の作法④
祝詞と玉串拝礼について教えてください」

正解　1

問 14

以下の文章を読んで空欄【　】に入る言葉とし
て正しいものを選んでください。

　奈良時代には神像を作る例も出てきていまし
た。もともと、日本の神々は自然の依代（より
しろ）に依りつくものと考えられてきましたが、
仏教における仏像の影響を受けたようです。そ
して、神社のご本殿に神像や仏像を安置し、神
社の境内に寺院を建て、神職と並んで僧侶が祭
祀や管理を行う例も出てきました。これを【　】
といいます。ただし、祭祀においては、神職は
神式で、僧侶は仏式で行っていました。また、
神事においては仏教を入れてはならないとする
考え方もありました。

1．神寺（かみでら）
2．本地寺（ほんじでら）
3．垂迹寺（すいじゃくでら）
4．宮寺（みやでら）

➡『神社のいろは』58 ページ「仏教が神社に及ぼ
した影響について教えてください」

正解　4

問 15

日本人は、山々を神々がいらっしゃる聖地と捉
えてきました。そして、その山で厳しい修行を
行い、超越的な力を身につけ、広く人々の救済
を図ろうとする思想・宗教のことを何というで
しょうか。

1. 儒教
2. 紀伝道（きでんどう）
3. 陰陽（おんみょう）道
4. 修験（しゅげん）道

❖　解　説　❖

　儒教は紀元前の中国におこり、孔子を大成者とす
る思想・信仰の体系です。紀伝道とは、平安時代の
大学寮の学科の一つで、史書、詩文などを教科内容
としました。陰陽道とは大陸から伝来した陰陽五行
説にもとづき、密教の影響も受けて、日本独自に発
展して成立したものです。

➡『神社のいろは』58 ページ「仏教が神社に及ぼ
した影響について教えてください」

正解　4

問 16

以下の文章の空欄【　】に入る言葉として正しいものを選んでください。

　八幡神は、平安時代には国家の守護神として、都の裏鬼門（うらきもん／南西）の方角である男山（おとこやま）に鎮座することを託宣されました。これが、現在の【　】です。同宮は鎮護国家、王城鎮護の神様として朝廷から篤く尊崇され、伊勢の神宮に次ぐ「第二の宗廟（そうびょう）」と称されました。

1．城南宮（じょうなんぐう）
2．藤崎八旛宮（ふじさきはちまんぐう）
3．平安神宮
4．石清水（いわしみず）八幡宮

❖　解　説　❖

　城南宮と平安神宮も京都に鎮座する神社です。城南宮は男山より都に近い京都市伏見区に鎮座し、平安神宮は明治 28 年（1895）に左京区に創建された神社です。藤崎八旛宮は熊本市に鎮座する神社です。
➡『神社のいろは』60 ページ「八幡さんについて教えてください」

正解　4

問 17

八幡大神とはどなたのことでしょうか。

1．崇神（すじん）天皇
2．応神（おうじん）天皇
3．雄略（ゆうりゃく）天皇
4．武烈（ぶれつ）天皇

➡『神社のいろは』60 ページ「八幡さんについて
教えてください」

正解　2

問 18

以下の文章の空欄【　】に入る言葉として正し
いものはどれでしょうか。

　古くから日本人は、【　】は、春になって山
から降りて来られ、また、秋になって収穫が終
わると山に帰って「山の神」になられると考え
ていました。

1．川の神　　2．日の神
3．田の神　　4．木の神

➡『神社のいろは』62 ページ「お稲荷さんについ
て教えてください」

正解　3

問 19

「天神さん」について書かれた以下の文章を読んで空欄【 】に入る言葉として正しいものを選んでください。

当時の人々は、非業の死を遂げた人の魂に対し、畏れと敬意を込めて【 】と呼びました。【 】を鎮め、祟りによる混乱を回復しようとする信仰を【 】信仰と呼びます。

1. 英霊　　　　　　　2. 鬼神
3. 御霊（ごりょう）　4. 不動

➡ 『神社のいろは』64 ページ「天神さんについて教えてください」

正解　3

問 20

以下の文章の空欄【 】に入る言葉として最もふさわしいものを選んでください。

平安時代には上皇・法皇（じょうこう・ほうおう）によるご参拝も盛んに行われました。さらに、貴族、武士、庶民にいたるまで全国から多くの参詣者が集まりました。その数の多さは「蟻の【 】詣（もうで）」と呼ばれたほどです。

1. 熊野　　2. こんぴら

3. 伊勢　　4. 富士

➡『神社のいろは』66 ページ「熊野神社について
教えてください」

正解　1

問21

長野県に鎮座する諏訪大社といえば、7 年目ご
と、寅と申の年に行われる祭りが有名です。樹
齢 200 年程の樅（もみ）の巨木を切り出し、
木遣（きや）りに合わせて人力のみで曳く勇壮
なこのお祭りとは何でしょうか。

1. 御船（みふね）祭
2. 松例（しょうれい）祭
3. 御灯（おとう）祭
4. 御柱（おんばしら）祭

❖　解　説　❖

御船祭は茨城県の鹿島神宮や和歌山県の熊野速玉
大社などのお祭りです。松例祭は山形県の出羽三山
神社、御灯（燈）祭は和歌山県の神倉神社のお祭り
です。

➡『神社のいろは』68 ページ「お諏訪さまについ
て教えてください」

正解　4

問 22

以下の文章の空欄 【 】 に入る言葉として正しいものを選んでください。

「備後国（びんごのくに）風土記」逸文（いつぶん）には次のような話が出ています。武塔（むとう）天神が旅をしているときに、裕福なある人に宿を請うたところ断られてしまいます。そこで、【 】 の家で宿泊をお願いすると、貧しいにもかかわらず、もてなしてくれました。すると、武塔天神は、自分が実は須佐雄能神（すさのおのかみ）であることを明かし、疫病が流行したときには、「茅の輪（ちのわ）」を腰につけると免れることを教えたのです。

1．蘇民将来（そみんしょうらい）
2．稽古照今（けいこしょうこん）
3．巨旦（こたん）将来
4．臥薪嘗胆（がしんしょうたん）

➡ 『神社のいろは』70 ページ「祇園さん、天王さんについて教えてください」

正解　1

問23
以下の文章を読んで空欄【 】に入る言葉として正しいものを選んでください。

　全国の【 】神社の総本社ともいわれるのが【 】比咩（ひめ）神社で、ご祭神は【 】比咩大神と伊弉諾神（いざなぎのかみ）、伊弉冉神（いざなみのかみ）です。【 】比咩大神は『日本書紀』に登場する菊理媛神（くくりひめのかみ）とされています。「くくりひめのかみ」の「くくり」とは物事を「括り結ぶ」意味とされ、伊弉諾神と伊弉冉神を仲直りさせた調和の神様です。

1．阿蘇　　2．白山
3．立山　　4．熊野

➡ 『神社のいろは』72ページ「白山さんについて教えてください」
正解　2

問24

東には琵琶湖を、西には比叡山を望む場所に鎮座し、古くから日枝（ひえ）山の山の神である大山咋神（おおやまくいのかみ）をお祀りしてきている神社とは以下のどれでしょうか。

1. 気比（けひ）神宮
2. 赤間（あかま）神宮
3. 日吉大社
4. 近江（おうみ）神宮

❖　解　説　❖

　気比神宮は福井県敦賀市に鎮座する神社で伊奢沙別命（いざさわけのみこと）を主祭神としてお祀りしています。赤間神宮は山口県下関市に鎮座する神社で安徳天皇をお祀りしています。近江神宮は滋賀県大津市に鎮座する神社で天智（てんじ）天皇をお祀りしています。

➡『神社のいろは』74ページ「日吉さま、山王さまについて教えてください」

正解　3

問25

以下の文章の【ア】【イ】に入る言葉の組み合わせとして正しいものを選んでください。

　今からおよそ1300年前の奈良時代のはじめ、御蓋山（みかさやま）の山頂に【ア】の神・武甕槌命（たけみかづちのみこと）が勧請されます。そして、神護景雲2年（768）に、【イ】から経津主命（ふつぬしのみこと）と河内（大阪）の枚岡（ひらおか）から天児屋根命（あめのこやねのみこと）と妃神である比売神（ひめがみ）をお迎えして創建されたのが春日大社です。

1．ア、鹿島　　イ、香取
2．ア、香取　　イ、鹿島
3．ア、上賀茂　イ、下鴨
4．ア、下鴨　　イ、上賀茂

➡『神社のいろは』78ページ「春日さまについて教えてください」、76ページ「香取さま、鹿島さまについて教えてください」、92ページ「賀茂社について教えてください」

正解　1

問26

京都の賀茂別雷（かもわけいかづち）神社・賀茂御祖（みおや）神社の賀茂祭と石清水（いわしみず）八幡宮の石清水祭、奈良の春日大社の春日祭は天皇のお使いである勅使が参向するいわゆる【　】です。

1．参向祭（さんこうさい）
2．大和・山城祭（やまと・やましろさい）
3．四勅祭（よんちょくさい）
4．三勅祭

➡『神社のいろは』78ページ「春日さまについて教えてください」

正解　4

問27

愛宕神社と秋葉神社は、共に何の神様として信仰されているでしょうか。

1．木　　　　　　　2．防火
3．水分（みくまり）　4．防風

➡『神社のいろは』80ページ「愛宕さん、秋葉さんについて教えてください」

正解　2

問28

以下の文章はどこの神社を説明したものでしょうか。

　この神社がご鎮座する場所は航海や漁業を営む人にとって格好の目印になっていたようです。同時に、降雨量の少ない環境のなか、水を恵んでくれる山だったのです。航海、漁業、農業、雷、水の神などとして信仰されていました。このあたりは海上交通の要地でした。江戸時代になり航海技術の発展にともない、この神社の信仰は全国的なものになっていきます。

1．生田神社
2．日御碕（ひのみさき）神社
3．金刀比羅宮（ことひらぐう）
4．伊弉諾（いざなぎ）神宮

❖　解　説　❖

　生田神社は、神戸市に鎮座する神社で稚日女尊（わかひるめのみこと）をお祀りし、日御碕神社は、島根県出雲市の日御碕に鎮座する神社で天照大御神と素戔嗚尊を主祭神としてお祀りしています。伊弉諾神宮は、伊弉諾尊と伊弉冉尊（いざなみのみこと）をお祀りし兵庫県淡路市に鎮座する神社です。

➡『神社のいろは』82ページ「こんぴらさんについて教えてください」

正解　3

問 29

以下の文章はどこの神社を説明したものでしょうか。

　鎮座地は、かつてはすぐ近くまで海が迫っていました。遣隋使、遣唐使はこの神社の南にあった津（港）から出発しており、遣唐使はこの神社に参拝してから乗船していました。一方、ご祭神は多くの文学作品に登場し、『伊勢物語』や『源氏物語』にも描かれました。鎮座地の海岸は風光明媚なところとしても有名で、歌会も多く催され、和歌の神様としても信仰されていきました。

1. 廣田（ひろた）神社
2. 日枝（ひえ）神社
3. 住吉大社
4. 西宮神社

❖　解　説　❖

　廣田神社は兵庫県西宮市に鎮座する神社で天照大御神之荒御魂（あまてらすおおみかみのあらみたま）をお祀りしています。西宮神社は兵庫県西宮市に鎮座し「えびす様」をお祀りする神社です。

➡ 『神社のいろは』84ページ「住吉さんについて教えてください」、74ページ「日吉さま、山王さまについて教えてください」

正解　3

以下の文章を読んで問 30 から問 32 までの設問
に答えてください。

　田心姫神（たごりひめのかみ）と湍津姫神（たぎ
つひめのかみ）、市杵島姫神（いちきしまひめのかみ）
の宗像（むなかた）三女神は天照大神（あまてらす
おおみかみ）と素戔嗚尊（すさのおのみこと）との
【ア】によって生み出された神々です。宗像三女神
は天照大神の命を受けて宗像の地へ降臨されます。
それが宗像大社です。宗像三女神は【イ】と称され
ます。「貴（むち）」とは神に対する貴い呼び方で、
宗像三女神は貴い道の神であるという意味です。

問 30
【ア】に入る言葉として最もふさわしいものを
選んでください。

1．誓約（うけい）
2．交渉
3．亀卜（きぼく）
4．太占（ふとまに）

問31

【イ】に入る言葉として最もふさわしいものを選んでください。

1. 道主貴（みちぬしのむち）
2. 大己貴（おおなむち）
3. 大道貴（おおみちのむち）
4. 海道貴（うみみちのむち）

問32

以下のうち、宗像三女神をお祀りしていない神社とはどれでしょうか。

1. 松尾大社
2. 厳島神社
3. 江島（えのしま）神社
4. 津島神社

❖ 解 説 ❖

亀卜も太占も古代の占いの方法です。亀卜は亀の甲を焼き、太占は鹿の肩骨を焼いて行います。古く日本においては太占が行われていましたが、中国から亀卜が伝わりました。問32の江島神社は神奈川県藤沢市に鎮座する神社で宗像三女神をお祀りしています。

➡ 『神社のいろは』86 ページ「宗像さま、厳島さまについて教えてください」、松尾大社については96 ページ「松尾大社について教えてください」、津島神社については 70 ページ「祇園さん、天王さんについて教えてください」

問 30　正解　1
問 31　正解　1
問 32　正解　4

問 33

以下の文章の空欄【　】に入る言葉として正しいものを選んでください。

　宗像大社の沖津宮が鎮座する【　】からは、4世紀後半から 10 世紀初頭にいたる祭祀遺跡が出土しています。大陸や半島との交流にともない、ここで国家的なお祭りが行われていたのです。約8万点を超える祭祀遺物には、中国やペルシャのものまであり、【　】は「海の正倉院」とも呼ばれています。

1．児島(こじま)　　2．隠岐島(おきのしま)
3．対馬　　　　　　4．沖ノ島

➡ 『神社のいろは』86 ページ「宗像さま、厳島さまについて教えてください」

正解　4

問 34

神話伝承の中で「太く深い柱で、千木が空高くまで届く」と形容され、実際、平安時代中期には東大寺大仏殿よりも高かったと伝えられる神社とは次のうちどれでしょうか。

1. 出雲大社
2. 吉備津（きびつ）神社
3. 小國（おくに）神社
4. 三島大社

❖　解　説　❖

　吉備津神社は岡山県に、小國神社と三嶋大社は静岡県に鎮座する古社です。

➡『神社のいろは』90 ページ「出雲大社について教えてください」

正解　1

問 35

上賀茂神社（賀茂別雷神社）のご祭神は賀茂別雷（かもわけいかづち）大神です。下鴨神社（賀茂御祖神社）のご祭神は賀茂建角身命（かもたけつぬみのみこと）と玉依媛（たまよりひめの）命です。下鴨神社のご祭神である玉依媛命と賀茂建角身命は、上賀茂神社のご祭神である賀茂別雷大神の【ア】と【イ】です。

1. ア、御孫神　　イ、御子神
2. ア、御母神　　イ、御外祖父神
3. ア、御子神　　イ、御父神
4. ア、御祖母神　イ、御父神

➡ 『神社のいろは』92ページ「賀茂社について教えてください」

正解　2

問36

ご祭神は高龗神（たかおかみのかみ）で水を司る神様です。平安時代以降、朝廷からの崇敬を集め、全国に勧請されました。和泉式部の歌や謡曲「鉄輪（かなわ）」など文芸作品にも多く登場する京都の神社とは以下のうちどれでしょうか。

1. 御香宮（ごこうのみや）神社
2. 梅宮大社
3. 貴船神社
4. 河合神社

❖ 解 説 ❖

　どれも京都に鎮座する神社で、御香宮神社は神功皇后（じんぐうこうごう）を主祭神としてお祀りしています。梅宮大社は橘氏の氏神で、河合神社は賀茂御祖神社の摂社です。

➡『神社のいろは』94ページ「貴船神社について教えてください」

正解　3

問 37

木花開耶姫命（このはなさくやひめのみこと）を主祭神とする浅間神社の信仰の対象とは何でしょうか。

1．湖　　　　2．桜
3．富士山　　4．温泉

➡『神社のいろは』98ページ「浅間さまについて教えてください」

正解　3

問38

以下の記述のうち、お祭りの説明として正しくないものを選んでください。

1. 心身を清め、神様に対面し感謝のこころを捧げること。
2. 語源は「まつらふ」という言葉に由来する。
3. 神様が現れるのを「待ち」、神様を征服することが「まつり」である。
4. 参加することで、共に生きる人たちと喜びを分かち合ってきた。

❖ 解 説 ❖

「まつり」とは、神様を征服することではありません。

➡ 『神社のいろは』102ページ「神社のお祭りについて教えてください」

正解 3

問39

定まった年ごとに行われる祭典です。ご鎮座日など神社にとって特にゆかりのある日に基づくものが多く、3年、5年、10年、20年、30年、40年、50年、100年、以後100

年ごとなどに行われる祭祀とは何でしょうか。神社によっては6年、12年、60年ごとに行うところもあります。

1. 鎮座祭　　2. 例大祭
3. 記念祭　　4. 式年祭

➡️『神社のいろは』105ページ「臨時の大祭について教えてください」、104ページ「恒例の大祭について教えてください」

正解　4

問40

天皇陛下のお誕生日をお祝いし、陛下のますますのご長寿を祈るお祭りとは何でしょうか。神恩に感謝する祭典が執り行われます。

1. 歳旦（さいたん）祭
2. 聖寿（せいじゅ）祭
3. 天長（てんちょう）祭
4. 皇久（こうきゅう）祭

➡️『神社のいろは』106ページ「中祭について教えてください」

正解　3

問41

毎日、早朝に神様に神饌を捧げ、日頃の感謝と
その日一日が平穏無事であることを祈願する神
社のお祭りとは何でしょうか。

1．月次（つきなみ）祭
2．日供（にっく）祭
3．感謝祭
4．早朝祭

➡ 『神社のいろは』107ページ「小祭について教え
てください」

正解　2

問42

1月3日に宮中および全国の神社で行われる
祭祀です。皇室の永遠の発展と国運が盛大にな
ることを祈る祭典とは何でしょうか。戦前は祭
日の一つでした。

1．元始（げんし）祭　　2．年始祭
3．皇霊祭　　　　　　　4．山陵祭

➡ 『神社のいろは』106ページ「中祭について教え
てください」、168ページ「宮中三殿について教え

てください」、170 ページ「皇室祭祀について教え
てください」

正解　1

問43
お祭りでは神様と親しく対面するために、ご本
殿の御扉（みとびら）が開かれることがありま
す。この神様のお出ましのときに、「オー」な
どと神職が独特の声を発します。祭祀に参加し
ている者に対して畏（かしこ）みをうながすも
のですが、これを何というでしょうか。

1．警戒　　　　　2．哨戒（しょうかい）
3．点呼（てんこ）　4．警蹕（けいひつ）

➡『神社のいろは』108 ページ「お祭りの基本的な
順序について教えてください①」

正解　4

問44

以下の文章を読んで【ア】【イ】に入る言葉の組み合わせとして正しいものを選んでください。

例祭の日、神社の境内では、さまざまな神賑（しんしん）行事で賑わっています。神様に見ていただき喜んでいただくため、舞台では舞楽（ぶがく）などいろいろな【ア】が奉納されます。

こういったお祭りは、「管絃祭」や「那智の火祭（扇祭）」など、報道などで目にすることも多く、地域の特性と歴史性を表す代表的な「日本の祭り」といってもいいでしょう。また、例祭かどうかにかかわらず、その神社やご祭神の由緒を表すお祭りを持つ神社も多くあり、これらは【イ】と呼ばれています。

1．ア、神事芸能　イ、有職（ゆうそく）神事
2．ア、神事芸能　イ、特殊神事
3．ア、神賑芸能　イ、有職神事
4．ア、神賑芸能　イ、特殊神事

➡ 『神社のいろは』114 ページ「神輿について教えてください」

正解　2

問 45

以下の文章を読んで空欄【 】に入る言葉として間違っているものを選んでください。

　大祓では、神職が古くから伝わる大祓詞（おおはらえことば）を読み、氏子崇敬者は麻と紙を小さく切った切麻（きりぬさ）を体にまいて清め、【 】で体をなで、息を吹きかけます。こうして、人の罪穢れを付着させた【 】は、後に、海や川に流されます。焼くところもあります。

1．人形（ひとがた）
2．形代（かたしろ）
3．撫物（なでもの）
4．注連縄（しめなわ）

➡『神社のいろは』116 ページ「6 月と 12 月の大祓について教えてください」

正解　4

問46

神前結婚式が広く普及するきっかけになったのは、当時、皇太子でいらした大正天皇のご婚儀です。この明治33年のご婚儀で、民間での神前結婚式への関心が高まり、翌年、「日比谷大神宮」で神前模擬結婚式が公開で行われ、同年、一般の人の結婚式が同神宮で行われました。この日比谷大神宮は現在の何という神社でしょうか。

1．明治神宮
2．乃木神社
3．東京大神宮
4．日比谷神社

❖ 解 説 ❖

乃木神社は、明治時代の陸軍大将・乃木希典（のぎまれすけ）をお祀りする神社です。

➡『神社のいろは』121ページ「神前結婚式について教えてください」

正解 3

問 47

以下の文章の空欄【 】に入る言葉として正しいものを選んでください。

　神職養成機関の代表的なものは、東京の【 】と三重の皇學館大学です。

1. 國學院大學　　2. 国士舘大学
3. 日本大学　　　4. 筑波大学

➡『神社のいろは』123 ページ

正解　1

問 48

以下の文章の【 】に入る言葉として正しいものはどれでしょうか。

　男性、女性を問わず神職が履いているものは【 】です。これは桐で作られた履き物のなかに和紙を貼り、全体に漆を塗ったものです。

1. 浅沓（あさぐつ）　　2. 深沓
3. 型沓　　　　　　　4. 正沓

➡『神社のいろは』125 ページ「神職が手に持っているものや、履き物について教えてください」

正解　1

問49

以下の文章の空欄【　】に入る言葉として最も適切なものはどれでしょうか。

　門松や注連（しめ）飾り、鏡餅などの正月飾りは年神様（としがみさま）をお迎えするためのものです。年神様は、正月様、歳徳様（としとくさま）などとも呼ばれます。新しい年に豊かな実りをもたらす神様で、【　】とも考えられ、古くからの信仰に基づくものです。

1．水の神様
2．地域の御霊（みたま）
3．土の神様
4．祖先の御霊

➡『神社のいろは』136 ページ「正月飾りについて教えてください」

正解　4

問50

神道式で行う葬儀での拝礼は神前と同様にお参りすることに変わりはありませんが、拍手の仕方が違います。亡くなられた方を偲び慎（つつし）む心を表す意味からです。これを忍手（しのびて）といいますが、どのように拍手するでしょうか。

1. 澄んだ音が響くように拍手する
2. 手をあわせるだけで拍手をしない
3. 指だけを合わせて手のひらを合わせない
4. 微音で大きい音をたてずに拍手する

➡ 『神社のいろは』140ページ「神葬祭について教えてください①」

正解　4

以下の神宮のお祭りに関する文章を読んで問51から問54までの設問に答えてください。

　6月と12月に斎行される月次祭（つきなみさい）と10月に斎行される神嘗祭（かんなめさい）の【ア】では、「由貴（ゆきの）【イ】」を奉って神様に感謝を捧げます。「由貴」とは神聖さを表しています。そして、神嘗祭では、その年に収穫された米の初穂を初めて神様にお供えします。両正宮の内玉垣には、天皇陛下が皇居で作られた御初穂（おはつほ）がかけられ、【ウ】と呼ばれる全国の農家から献納され

た多くの初穂も並びかけられます。当日、皇居では、天皇陛下が神宮を遥拝され、同時に全国の神社でも神嘗奉祝祭が行われます。

　神宮では、恒例祭典のうち両宮でお祭りが行われる場合、【エ】祭典を行うことが通例となっています。

　また、外宮では毎日朝夕の2度、神職が火鑽（き）り具を使って火をおこし、昔ながらの方法で調理された神饌を神々に捧げる日別朝夕（ひごとあさゆう）【イ】祭が行われています。

問51
【ア】に入る言葉として正しいものを選んでください。

1．二大祭　　2．二節祭
3．三大祭　　4．三節祭

問52
【イ】に入る言葉として正しいものを選んでください。

1．大御饌（おおみけ）
2．正（しょう）御饌
3．大献饌（だいけんせん）
4．正献饌

問 53
【ウ】に入る言葉として正しいものを選んでください。

1. 御税（おんちから）
2. 懸税（かけちから）
3. 太玉串（ふとたまぐし）
4. 立玉串（たてたまぐし）

問 54
【エ】に入る言葉として正しいものを選んでください。

1. 内宮に先立って外宮から
2. 外宮に先立って内宮から
3. 内宮、外宮、内宮の順で
4. 内宮・外宮同時に

➡『神社のいろは』154 ページ「神宮のお祭りについて教えてください」

問 51　正解　4
問 52　正解　1
問 53　正解　2
問 54　正解　1

問55

神宮では、20年に一度、至高の祭典が執り行われます。これは、新たな御社殿を造って神様にお遷（うつ）りを願い、御装束神宝（おんしょうぞくしんぽう）までをも新たにして、神威のより一層の高まりを願う祭典です。この祭典の正式名称を何というでしょうか。

1．神宮大遷座　　　2．伊勢式年正遷宮

3．神宮式年遷宮　　4．伊勢正遷座

➡『神社のいろは』156ページ「神宮式年遷宮について教えてください」

正解　3

以下の文章を読んで問56と問57の設問に答えてください。

　第62回の神宮の御遷宮（ごせんぐう）は、平成16年1月19日に天皇陛下から大宮司に遷宮斎行のご下命（かめい）があり、4月5日、正式に「御聴許」（ごちょうきょ／天皇陛下が聞き届けられること）があり、翌年5月の「山口祭」から諸祭・行事が進められていきました。この山口祭に始まって、平成25年10月の【ア】（神様が新殿へとお遷りになる祭儀）や「御神楽（みかぐら）」まで30に及ぶ祭典・行事が行われましたが、そのうち12の主要な祭典については、日時などについて「御

治定」（ごじじょう／天皇陛下のお定め）を仰いで
行われました。その両正宮の御遷宮に続いて、【イ】
や摂社・末社の御遷宮が行われました。

問56

【ア】に入る言葉として正しいものを選んでく
ださい。

1．遷御（せんぎょ）　　2．御到（おんとう）
3．御成（おなり）　　　4．御着（おんちゃく）

問57

【イ】に入る言葉として正しいものを選んでく
ださい。

1．里宮（さとみや）　　2．山宮
3．奥宮（おくみや）　　4．別宮（べつぐう）

❖　解　説　❖

　里宮、山宮とは、同一神社で複数の神殿が存在す
る場合に、山の頂上や中腹にあるものを山宮、麓に
あるものを里宮などといいます。山宮は奥宮などと
も呼ばれます。

➡『神社のいろは』156ページ「神宮式年遷宮につ
いて教えてください」

問56　正解　1　　問57　正解　4

問 58

以下の文章を読んで空欄【 】に入る言葉として正しいものを選んでください。

　神宮の御遷宮で用いられる檜の御用材は約1万本に及びます。神宮では御遷宮のための御用材を伐り出す山のことを【 】といいます。

1．御船山（おふなやま）
2．御霊山（みたまやま）
3．御代山（みしろやま）
4．御杣山（みそまやま）

➡ 『神社のいろは』158ページ「御遷宮の御用材と御装束神宝について教えてください」

正解　4

問 59

以下の文章の空欄【 】に入る言葉として正しいものを選んでください。

　江戸時代のお伊勢参りといえば、大群衆が伊勢参宮に押し寄せた【 】が有名です。

1．おため参り　　2．お礼参り
3．おかげ参り　　4．お札参り

➡『神社のいろは』160 ページ「お伊勢参りについて教えてください」

正解　3

問 60

松尾芭蕉をはじめ文人や著名人も多く伊勢参宮に向かっています。次の歌は誰が詠んだものとされているでしょうか。

　何ごとのおはしますかは知らねども
　かたじけなさに涙こぼるる

1．一遍（いっぺん）
2．本居宣長（もとおりのりなが）
3．折口信夫（おりくちしのぶ）
4．西行（さいぎょう）

❖　解　説　❖

　一遍は鎌倉時代中期の僧侶で時宗（じしゅう）の開祖です。「遊行（ゆぎょう）上人」「捨聖（すてひじり）」などと尊称されます。本居宣長は『古事記伝』などを著した江戸時代の国学者で、折口信夫は近代日本の民俗学者、国文学者、詩人、歌人です。

➡『神社のいろは』160 ページ「お伊勢参りについて教えてください」

正解　4

問61
皇室のお祭りが行われているところが、皇居内に鎮座する宮中三殿と神嘉殿（しんかでん）、皇居の外にある歴代天皇の山陵です。そのうち神嘉殿では何のお祭りが行われるでしょうか。

1．元始祭　　　2．昭和天皇祭
3．春季皇霊祭　　4．新嘗祭

➡『神社のいろは』168ページ「宮中三殿について教えてください」

正解　4

問62
天皇陛下の即位に際して行われる特別の祭典のことを何というでしょうか。

1．四方拝（しほうはい）
2．節折（よおり）の儀
3．起源祭
4．大嘗（だいじょう）祭

➡『神社のいろは』170ページ「皇室祭祀について教えてください」

正解　4

以下の文章を読んで問63から問68までの設問に答えてください。

　7世紀になって朝廷は、法体系のなかに日本独自の神祇制度を組み込んでいきました。古代において、その存在・役割を国家的に認められた神社を【ア】といいます。これらの神社には、祭祀を扱っていた【イ】から、祈年祭のときに幣帛（へいはく）が献じられました。

　それが平安時代になると、重要度に応じて大社と小社に区分されました。さらに祈年祭に際し、【イ】に出向いて幣帛を受ける神社・官幣社（かんぺいしゃ）と、地方の行政官から幣帛を受ける神社・国幣社（こくへいしゃ）とに分けられるようになりました。この時点の神社の一覧が【ウ】に記されています。祈年祭以外にも幣帛を受ける神社もあり、特に霊験あらたかな【エ】と呼ばれる神社は、【ウ】にはその旨も記載されています。

　ところが、平安時代には律令体制は大きく様変わりして、【ア】の制度も変更を余儀なくされます。平安時代中期から、朝廷の格別の崇敬を受ける神社が出てきます。平安京近辺の神社を中心としたこれらを【オ】と呼びます。いずれも祈雨や止雨を中心に天変地異や国家の大事に際して祈願が行われ、中世半ばまでは朝廷の篤い崇敬を受けました。

　そして、【オ】の制度が成立する頃、地方の多くの国々では【カ】、総社（そうじゃ）と呼ばれる神社が成立します、これを一般に【カ】制と呼び、【ア】の制度にみられるような一種の社格となっていきま

した。

問63

【ア】に入る言葉として正しいものを選んでください。

1．御社（みしゃ）　　2．神祇社
3．官社　　　　　　　4．祈年社

問64

【イ】に入る言葉として正しいものを選んでください。

1．神祇院　　2．太政官
3．神祇官　　4．教部省

問65

【ウ】に入る言葉として正しいものを選んでください。

1．大宝律令
2．養老律令
3．延喜式（えんぎしき）
4．貞観（じょうがん）儀式

問66

【エ】に入る言葉として正しいものを選んでください。

1. 明神大社　　2. 名神大社
3. 明神幣社　　4. 名神幣社

問67

【オ】に入る言葉として最もふさわしいものを選んでください。

1. 十六社
2. 二十二社
3. 官幣（かんぺい）大社
4. 国幣（こくへい）大社

問68

【カ】に入る言葉として最もふさわしいものを選んでください。

1. 国分社（こくぶんしゃ）
2. 郷社（ごうしゃ）
3. 一宮（いちのみや）
4. 国宮（くにのみや）

❖ 解 説 ❖

　問 64 の神祇院は昭和 15 年（1940）にできた神社行政機関で、教部省は明治時代に宗教行政に携わったところです。太政官とは古代においては、律令制のもとに行政組織を管轄したところです。明治維新によって、太政官は復活され政務を司りますが、内閣制度が発足したことにより廃止されました。

　問 65 の『大宝律令』とは大宝元年（701）に制定された律令で、『養老律令』は大宝律令に続いて天平宝字（てんぴょうほうじ）元年（757）に制定された法典です。『貞観儀式』は平安時代初期に編纂された儀式書のことです。

➡『神社のいろは』176 ページ「式内社、一宮について教えてください」

問 63　正解　3		問 64　正解　3	
問 65　正解　3		問 66　正解　2	
問 67　正解　2		問 68　正解　3	

問 69
以下の文章の空欄【　】に入る言葉として正しいものを選んでください。
　靖國神社は維新の内乱に殉じた英霊をお祀りするために明治 2 年に創建された【　】がその前身で、明治 12 年に改称されました。

1. 東京護国社（ごこくしゃ）
2. 東京招魂社
3. 東京御霊社
4. 東京英霊社

➡『神社のいろは』178ページ「明治時代に定められた社格について教えてください」の179ページ

正解　2

問70
以下の文章の空欄【 】に入る言葉として正しいものを選んでください。

　明治時代になって、神社は「国家の【 】」として、つまり国家が尊び祀る公的な施設として位置づけられました。

1. 宗祀（そうし）　　2. 教会
3. 施設　　　　　　4. 道徳

➡『神社のいろは』178ページ「明治時代に定められた社格について教えてください」

正解　1

問71から問100は概ね『古事記』に関する問題です。

問71

天地（あめつち）が初めて開けたときに、造化三神（ぞうかさんしん）が出現します。以下のうち、造化三神でないものを選んでください。

1．天之御中主神（あめのみなかぬしのかみ）
2．天之常立（あめのとこたちの）神
3．高御産巣日（たかみむすひの）神
4．神産巣日（かみむすひの）神

➡ 『神話のおへそ』34ページ「世界の始まりに現れた神々」

正解　2

問72

造化三神の後、二柱の神が出現し、その後、国之常立（くにのとこたちの）神が現れます。そして、その国之常立神から妹伊邪那美（いもいざなみの）神まで十二柱の神が現れますが、その神々のことを何と呼ぶでしょうか。

1. 別天つ（ことあまつ）神
2. 神世（かみよ）七代
3. 神世十二代
4. 空天つ（そらあまつ）神

➡ 『神話のおへそ』34 ページ「世界の始まりに現れた神々」

正解　2

問73

伊邪那岐命（いざなきのみこと）と伊邪那美（いざなみの）命はある島に天降（あまくだ）って国生みをなされますが、その島とはどこでしょうか。

1. 淡路島　　　　2. 対馬
3. 沼島（ぬしま）　4. おのごろ島

➡ 『神話のおへそ』37 ページ「伊邪那岐命と伊邪那美命の結婚」

正解　4

問74

伊邪那岐命と伊邪那美命は次々に多くの神々を生みだされていきます。しかし、伊邪那美命はある神様を生んだことがきっかけで神避（かむ

さ）られてしまいました。この神様は何の神様
でしょうか。

1．火の神　　2．水の神
3．風の神　　4．鉱山の神

➡『神話のおへそ』42 ページ「多くの神々を生ん
だ伊邪那美命の死」

正解　1

問 75
伊邪那岐命は、亡くなった伊邪那美命を一目見
たいと思い黄泉（よみ）の国へと追いかけて行
かれました。しかし、その変わり果てた姿を見
て逃げ帰ります。そして、最後に伊邪那岐命と
伊邪那美命が岩を隔てて対峙された場所とはど
こでしょうか。

1．手間山（てまやま）
2．恐山（おそれざん）
3．幽宮（かくれみや）
4．黄泉比良坂（よもつひらさか）

➡『神話のおへそ』46 ページ「伊邪那岐命、火の
神を斬殺し黄泉の国へ」、74 ページ「心やさしい大
国主神と兎の予言」

正解　4

問76

次の文章の空欄【 】にあてはまる言葉として正しいものを選んでください。

『古事記』によれば、黄泉の国から戻られた伊邪那伎（いざなきの）大神は【 】の橘の小門（おど）の阿波岐（あわき）原に至り、禊祓（みそぎはらえ）をされました。

1．淡路の日刺（ひさし）
2．竺紫（つくし）の日刺
3．淡路の日向（ひむか）
4．竺紫の日向

➡ 『神話のおへそ』52ページ「禊祓によって最も尊い三柱の神が誕生」

正解　4

問77

『古事記』によれば、高天原で須佐之男命は天照大御神が身に着けていた何を乞い受け五柱の男神を生みだされたでしょうか。

1．弓　　2．剣　　3．勾玉　　4．矛

➡ 『神話のおへそ』58ページ「天照大御神と須佐之男命の対決」

正解　3

問78

須佐之男命は高天原でさまざまな乱暴なふるまいをして、天照大御神を困らせてしまいます。これは大祓詞（おおはらえことば）で「天津罪（あまつつみ）」として例示されていますが、須佐之男命はどんなことをされたのでしょうか。

1．農耕や神事の妨害
2．神事や建築の妨害
3．養蚕や治安の妨害
4．治安や交通の妨害

➡ 『神話のおへそ』58ページ「天照大御神と須佐之男命の対決」

正解　1

「天石屋戸（あめのいわやと）」の段に関する以下の文章を読んで問79と問80の設問に答えてください。

　天の香具山（かぐやま）の【ア】を根から掘り出して、上枝に【イ】を取り付け、中枝に八尺鏡（やたかがみ）を取り付け、下枝に白和幣（しろにぎて）・青和幣を取り付けて、これらのものはすべて布刀玉（ふとだまの）命に太御幣（ふとみてぐら）として持たせて天石屋戸の前に掲げさせ、【ウ】に【エ】

を申し上げさせました。

問 79

【ア】【イ】に入る言葉として正しいものを選ん
でください。

1. ア、真素木（ましろき）
   イ、八尺（やさか）の勾玉
2. ア、真素木
   イ、十拳剣（とつかのつるぎ）
3. ア、真賢木（まさかき）
   イ、八尺の勾玉
4. ア、真賢木
   イ、十拳剣

問 80

【ウ】【エ】に入る言葉として正しいものを選ん
でください。

1. ウ、天児屋命（あめのこやねの）命
   エ、祝詞（のりと）
2. ウ、天児屋命
   エ、言挙（ことあ）げ
3. ウ、思金（おもいかねの）神
   エ、祝詞

```
    4. ウ、思金神
       エ、言挙げ
```

➡『神話のおへそ』64ページ「天石屋戸の前での神楽舞」、212ページ「特別編　倭建命の旅路」

問79　正解　3　　問80　正解　1

問81

次の文章の空欄【　】に入る言葉として正しいものを選んでください。

　須佐之男命は食べ物を用意するようにと言いつけました。さっそく【　】は、鼻や口、また尻からさまざまな食べ物を取り出して、色々に料理してすすめますと、須佐之男命はそのやり方を見て、【　】を殺してしまいました。

1. 大気津比売（おおげつひめの）神
2. 石巣比売（いわすひめの）神
3. 沫那芸（あわなぎの）神
4. 大戸惑女（おおとまといめの）神

➡『神話のおへそ』64ページ「天石屋戸の前での神楽舞」、42ページ「多くの神々を生んだ伊邪那美命の死」

正解　1

問82

以下の文章の空欄【　】に入る言葉として正しいものはどれでしょうか。

　須佐之男命は八俣大蛇（やまたのおろち）から助けた【　】の娘と結婚します。【　】とは、神々の世界である高天原にいる神や高天原から地上の葦原中国（あしはらのなかつくに）に降（くだ）る神を指す「天（あま）つ神」に対し、地上にいる神を指します。

1．地の神　　2．国つ神
3．人つ神　　4．葦の神

➡ 『神話のおへそ』69 ページ「須佐之男命、八俣大蛇を退治して妻を得る」

正解　2

問83

須佐之男命が八俣大蛇を退治され、十拳剣で大蛇を斬り放つとその尾から剣が出てきました。この剣は、記紀でいくつもの場面で登場しますが、その名前で間違っているものを選んでください。

1．草那芸の大刀（くさなぎのたち）
2．天叢雲剣（あめのむらくものつるぎ）

3. 草薙（くさなぎの）剣

4. 天村雨（あめのむらさめの）剣

➡『神話のおへそ』69 ページ「須佐之男命、八俣大蛇を退治して妻を得る」

正解　4

以下の歌を読んで問 84 と問 85 の設問に答えてください。

　八雲（やくも）立つ　出雲八重垣（いずもやえがき）　妻籠（つまご）みに　八重垣作る　その八重垣を

問 84
この神詠（しんえい）は和歌の初めとされるもので、出雲の国名の起源ともされるものですが、この歌はどなたが詠まれたものでしょうか。

1. 櫛名田比売（くしなだひめ）

2. 足名椎（あしなづちの）神

3. 手名椎（てなづちの）神

4. 須佐之男命

問85
この神詠は出雲のどこの地で詠まれたものでしょうか？

1．稲佐（いなさ）　2．須賀（すが）
3．美保（みほ）　　4．佐太（さだ）

➡『神話のおへそ』69ページ「須佐之男命、八俣大蛇を退治して妻を得る」、117ページ「出雲Ⅱ」、128ページ「出雲Ⅲ」

問84　正解　4　　問85　正解　2

問86
大国主（おおくにぬしの）神は兄たちからの迫害を逃れるため、須佐之男命がいらっしゃるところへ行くことになりました。ここでも試練を受けることになりますが、須佐之男命がいらっしゃったところとはどこでしょうか。

1．木国（きのくに）
2．常世国（とこよのくに）
3．根の堅州国（かたすくに）
4．海神（わたつみのかみの）国

➡ 『神話のおへそ』74 ページ「心やさしい大国主
神と兎の予言」、85 ページ「海からやってきた協力
者と国作り」、188 ページ「海幸彦の弟・山幸彦、
海神の国へ行く」

正解　3

問87

大国主神は海からやって来られた協力者と「国
作り」をされていきます。「神産巣日神の御子（み
こ）」というこの神様とはどなたでしょうか。

1. 少名毘古那（すくなびこなの）神
2. 久延毘古（くえびこ）
3. 大年（おおとしの）神
4. 大屋毘古（おおやびこの）神

➡ 『神話のおへそ』85 ページ「海からやってきた
協力者と国作り」、74 ページ「心やさしい大国主神
と兎の予言」

正解　1

問88

建御雷（たけみかずちの）神は大国主神に「国
譲り」を迫ります。大国主神は自分の子に判断
を委ねました。するとその子である神様は、す
ぐに了承し、乗っていた船を踏んで傾け、天（あ

ま）の逆手（さかて）を打って青い柴の垣とし
て、その内に隠れました。この大国主神の子と
はどなたでしょうか。

1．天鳥船（あめのとりふねの）神

2．天菩比（あめのほひの）神

3．大物主（おおものぬしの）神

4．事代主（ことしろぬしの）神

➡『神話のおへそ』93ページ「天つ神と国つ神の
力比べと国譲り」、90ページ「地上に降ったまま戻
ってこられない神々」、85ページ「海からやってき
た協力者と国作り」

正解　4

問89
出雲では陰暦10月に出雲大社のみならず多
くの神社で、全国から集ってきた神々を迎え、
お送りするお祭りが斎行されます。これを何と
いうでしょうか。

1．神無（かみなし）祭

2．御縁（ごえん）祭

3．杵築（きづき）祭

4．神在（かみあり）祭

➡ 『神話のおへそ』128ページ「出雲Ⅲ」

正解　4

級

問90

天孫が天降ろうとする途中の分かれ道で、上は高天原を照らし、下は葦原中国を照らす神がいます。天孫降臨に際して、ご先導役を務めた神様とはどなたでしょうか。

1．塩椎（しおつちの）神
2．猿田毘古（さるたびこの）神
3．天手力男（あめのたぢからおの）神
4．伊豆能売（いずのめの）神

➡ 『神話のおへそ』178ページ「地上に降臨した天孫と随行の神々」、188ページ「海幸彦の弟・山幸彦、海神の国へ行く」、64ページ「天石屋戸の前での神楽舞」、52ページ「禊祓によって最も尊い三柱の神が誕生」

正解　2

問91

同じく「天孫降臨（てんそんこうりん）」の段です。天照大御神は天児屋命、布刀玉命、天宇受売命、伊斯許理度売命、玉祖命の五柱の神・五伴緒（いつとものお）を天孫に従わせて降臨

67

させました。この五伴緒は何のときに出現・活躍された神々でしょうか。

1. 国譲り　　　　2. 天石屋戸
3. 誓約（うけい）　4. 伊邪那岐命の禊祓

➡『神話のおへそ』178 ページ「地上に降臨した天孫と随行の神々」、64 ページ「天石屋戸の前での神楽舞」

正解　2

問92
『日本書紀』では、天照大神は天孫降臨に際し、鏡、勾玉、剣の三種の神器を与えて「この鏡は私だと思って同じ御殿に祀りなさい」との「神勅（しんちょく）」が下されたとしていますが、この神勅のことを何というでしょうか。

1. 天壌無窮（てんじょうむきゅう）の神勅
2. 斎庭（ゆにわ）の稲穂の神勅
3. 宝鏡奉斎（ほうきょうほうさい）の神勅
4. 神籬磐境（ひもろぎいわさか）の神勅

➡『神話のおへそ』178 ページ「地上に降臨した天孫と随行の神々」

正解　3

問93

葦原中国に降臨された天孫は美しい乙女・木花之佐久夜毘売（このはなのさくやびめ）と結婚され、一緒に嫁がせようとした父親の申し出を断られ、姉の石長比売（いわながひめ）を返されてしまいます。この父親とはどなただったでしょうか。

1．綿津見神
2．野椎（のづちの）神
3．国之狭土（くにのさづちの）神
4．大山津見（おおやまつみの）神

➡『神話のおへそ』184ページ「木花之佐久夜毘売との結婚」、188ページ「海幸彦の弟・山幸彦、海神の国へ行く」、42ページ「多くの神々を生んだ伊邪那美命の死」

正解　4

以下の文章を読んで問94から問96の設問に答えてください。

神倭伊波礼毘古（かむやまといわれびこの）命の軍は熊野に入られますが、熊野の荒ぶる神の前に全軍が気を失ってしまいました。この様子を天からご覧になった天照大御神と【ア】は、葦原中国を平定したときの太刀を天から降します。つまり、建御雷

神が出雲の浜で大国主神に国譲りを迫ったとき波頭に突き立てた剣です。そして、この太刀を献上しにやってきたのが【イ】でした。この太刀は奈良の【ウ】に祀られています。

問94
空欄【ア】に入る言葉として正しいものを選んでください。

1. 高木神　　　2. 思金神
3. 神産巣日神　　4. 塩椎神

問95
【イ】に入る言葉として正しいものを選んでください。

1. 建御雷神
2. 石押分之子（いわおしわくのこ）
3. 高倉下（たかくらじ）
4. 猿女君（さるめのきみ）

問96
【ウ】に入る言葉として正しいものを選んでください。

1．大神（おおみわ）神社
2．石上（いそのかみ）神宮
3．大和（おおやまと）神社
4．高鴨（たかかも）神社

➡ 『神話のおへそ』197ページ「熊野で太刀と八咫烏を得る」、188ページ「海幸彦の弟・山幸彦、海神の国へ行く」、178ページ「地上に降臨した天孫と随行の神々」、262ページ「奈良・山辺の道」、252ページ「飛鳥・葛城」

問94　正解　1
問95　正解　3
問96　正解　2

問97
神倭伊波礼毘古命は大和で即位されて神武天皇となり、天下を治められました。神武天皇が即位された宮の名前は何というでしょうか。

1．飛鳥板葺宮（いたぶきのみや）
2．白檮原（かしはらの）宮
3．畝火（うねびの）宮
4．飛鳥浄御原（きよみはらの）宮

❖ 解 説 ❖

飛鳥板蓋宮とは第35代皇極天皇の皇居、飛鳥浄御原宮は第40代天武天皇と第41代持統天皇の皇居です。

➡ 『神話のおへそ』199ページ「戦いを征し、初代神武天皇が即位」

正解　2

以下の文章を読んで問98と問99の設問に答えてください。

　神宮の創祀に関する問題です。『日本書紀』によれば、垂仁（すいにん）天皇は天照大神を、【　】が託された皇女から、ご自分の皇女に託されました。この皇女は大神が鎮座するべき場所を求めて各地を巡り、伊勢国（いせのくに）に至りました。

問98
空欄【　】に入る言葉として正しいものを選んでください。

1. 神武天皇
2. 崇神（すじん）天皇
3. 景行（けいこう）天皇
4. 雄略（ゆうりゃく）天皇

問99
下線部の「ご自分の皇女」とはどなたでしょうか。

1．狭穂姫（さほびめ）
2．豊鍬入姫（とよすきいりびめの）命
3．淳名城入姫（ぬなきいりびめの）命
4．倭姫（やまとひめの）命

❖ 解 説 ❖

　狭穂姫は垂仁天皇の皇后です。

➡『神話のおへそ』206ページ「特別編　三輪の大神と伊勢の大神」

問98　正解　2　　問99　正解　4

問 100

古代の英雄・倭建（やまとたけるの）命は東国
平定（東征）から大和へ帰る途中の足柄峠でた
め息をつかれ、「あづまはや！」とおっしゃい
ました。これが、東国、つまり関東一帯を指す
言葉「あづま」の由来だといいます。倭建命は、
なぜ、「あづまはや」と言われたのでしょうか。

1. 東の各地で討伐した人たちに哀悼の意を示
   されて
2. 過ぎ去った日々が早かったことを思われて
3. 早く妻を得て、平和な生活を送りたいと思
   われて
4. 東征の途中で亡くした妻を思われて

➡ 神社検定公式テキスト②『神話のおへそ』212
ページ「特別編　倭建命の旅路」

正解　4

第11回 神社検定 問題と解説

弐級

「神社の歴史と神話」編　全100問

令和5年6月25日に行われた
「第11回 神社検定」の2級試験は、
公式テキスト③『神社のいろは　続』から62問、
公式テキスト⑨『神話のおへそ『古語拾遺』編』
　　　　　　　から32問、
季刊誌『皇室』令和4年夏・95号から2問、
季刊誌『皇室』令和5年冬・97号から3問、
季刊誌『皇室』令和5年春・98号から1問
が出題されました。
（問題の中には出典が重複するものもあります）

※解説に示しているのは、公式テキストに掲載されている
　関連項目のページ数です。

奈良県桜井市にある箸墓古墳の近辺のことについて書かれた以下の文章を読んで問1から問3までの設問に答えてください。

　3世紀の半ばから後半になると大規模な古墳が西日本を中心に出現します。このころの古墳として最も大きく最古の前方後円墳が奈良県桜井市にある箸墓古墳です。このあたりには三輪山北西麓に広がる大規模な【ア】遺跡が広がっています。

【ア】遺跡は、「記紀」で第10代崇神天皇や第11代垂仁天皇、第12代景行天皇などの「宮（みや）」があったと記されている地域に重なります。遺跡の名称は旧磯城（しき）郡【ア】村に由来し、その村名は垂仁天皇と景行天皇が営まれた「宮」の名称より名付けられたものとされています。崇神天皇は『日本書紀』で「【イ】すめらみこと」と称されています。つまり、神武天皇と同様に「初めて国を統治した」といった称号です。

　垂仁天皇の御代には【ウ】の「神の宮を作らせた」との記述が『古事記』にあり、新しい造営がなされたようです。この時代に伊勢の神宮のご鎮座もありました。

問1
【ア】に入る言葉として正しいものを選んでください。

1．珠城（たまき）　　2．日代（ひしろ）
3．磐余（いわれ）　　4．纏向（まきむく）

問2
【イ】に入る言葉として正しいものを選んでください。

1．はつくにしらす　　2．はつくにうしはく
3．はつくにすべる　　4．はつくにめでる

問3
【ウ】に入る言葉として正しいものを選んでください。

1．吉備　　2．鹿島
3．香取　　4．出雲

➡『神社のいろは　続』17ページ「前方後円墳と
纏向遺跡」

問1　正解　4　　問2　正解　1
問3　正解　4

６世紀の文化状況などについて書かれた以下の文章を読んで問４から問６までの設問に答えてください。

【ア】の時代には、医術・易・暦などのほか仏教も伝わりました。伝来当時、仏教で悟りを開いたものを指す仏（ほとけ）は在来の神に対し【イ】（外国の神）と受け取られていたようです。『日本書紀』によると、天皇は仏教を受け入れたほうがいいかどうか諸臣に諮られました。

　６世紀は、『古事記』『日本書紀』に先立つ文献資料である【ウ】や【エ】がまとめられ始めた時期ともいわれています。【ウ】とは皇位継承を中心とする古代の伝承・歴史で、【エ】は各氏族などに伝来する古代の神話・歌謡・伝承をまとめたものだといわれていますが、これらの書籍は現存していません。

問４
【ア】に入る言葉として正しいものを選んでください。

1．宣化天皇　　2．欽明天皇
3．用明天皇　　4．推古天皇

問5
【イ】に入る言葉として最もふさわしいものを
選んでください。

1. 渡神　　2. 黄神
3. 悟神　　4. 蕃神

問6
【ウ】【エ】に入る言葉の組み合わせとして最も
ふさわしいものを選んでください。

1. ウ、王紀　エ、古辞
2. ウ、帝紀　エ、古辞
3. ウ、王紀　エ、旧辞
4. ウ、帝紀　エ、旧辞

➡『神社のいろは　続』28ページ「仏教の伝来と『帝
紀』『旧辞』の編纂」

問4　正解　2
問5　正解　4
問6　正解　4

問7
以下の文章の空欄 【 】に入る言葉として、最もふさわしいものを選んでください。

　第29代欽明天皇の2代あとの「用明天皇紀」（『日本書紀』）に初めて文献上に【　】の用語が見出せます。

1．古道　　2．帝道
3．本教　　4．神道

➡『神社のいろは続』31ページ「仏教の受容と神道」、28ページ「仏教の伝来と『帝紀』『旧辞』の編纂」

正解　4

以下は「神祇令」に定められていた恒例の神祇祭祀などについての記述です。以下の文章を読んで問8から問17までの設問に答えてください。

2級

　神祇官には神祇伯が置かれ祭祀を運営しました。

　祈年祭では、神祇官から班幣の対象となった神社の神職が全国から集められました。

　鎮花祭は、神祇官が大和国の大神神社と【ア】で祭らせたお祭りです。当時は、春に花が飛散するのにともなって疫神が四方に分散して病を起こすという考え方があり、それを防ぐために行われました。【ア】は大神神社の荒魂をお祀りする神社です。

　【イ】は、大神神社の摂社・率川神社で行われたお祭りです。百合の花とされる花で酒樽を飾ることで有名です。このお祭りには大神氏の【ウ】の奉仕が必要で、【ウ】が定まらないときは祭りを行わせなかったといいます。

　【エ】と風神祭は、廣瀬神社と龍田神社に朝廷が祭使を派遣して、豊作とそのための水利を祈ったお祭りです。

　【オ】の内容は祈年祭と多く共通しますが、班幣の対象は祈年祭に比べて限られていました。同夜、天皇親祭の【カ】が行われることになっていました。新穀か旧穀かの違いはあるものの、【キ】と共通する神事です。

　ここでの恒例祭祀においての大嘗祭とは新嘗祭のことです。新嘗祭は【ク】の日が3回ある場合は、2回目の【ク】の日に行われました。翌日には【ケ】という宴が行われました。

問8
下線部の<u>祈年祭</u>について間違っているものを選んでください。

1. 官社の神職は神祇官に集められ、中臣氏が祝詞を奏上し、忌部氏が幣帛を配った。
2. 神祇官で奏上される祝詞の最後は「天皇からの幣帛を受け取り、それぞれの神に奉れ」というものだった。
3. 官社の制は孝徳朝のころに畿内で整備され、令制下、全国的に広まった。
4. 祈年祭は、月次祭と新嘗祭（大嘗祭）とともに最も重んじられた祭祀だった。

問9
【ア】に入る言葉として正しいものを選んでください。

1. 狭井神社　　2. 檜原神社
3. 疫神社　　　4. 活日神社

問10

【イ】に入る言葉として最もふさわしいものを選んでください。

1．率川祭　　2．花樽祭
3．三枝祭　　4．百合祭

問11

【ウ】に入る言葉として最もふさわしいものを選んでください。

1．氏上　　2．三代
3．舎人　　4．子供

問12

【エ】に入る言葉として正しいものを選んでください。

1．大忌祭　　2．物忌祭
3．豊水祭　　4．豊年祭

問13

【オ】に入る言葉として正しいものを選んでください。

1. 鎮火祭　　2. 道饗祭
3. 月次祭　　4. 鎮魂祭

問14

【カ】に入る言葉として正しいものを選んでください。

1. 節会　　2. 御直会
3. 大饗　　4. 神今食

問15

【キ】に入る言葉として正しいものを選んでください。

1. 鎮魂祭　　2. 道饗祭
3. 月次祭　　4. 新嘗祭

問 16

【ク】に入る言葉として正しいものを選んでください。

1. 子　　2. 卯　　3. 申　　4. 亥

問 17

【ケ】に入る言葉として正しいものを選んでください。

1. 豊明節会　　2. 直会節会
3. 寅日節会　　4. 御帳節会

➡ 『神社のいろは　続』39 ページ「神祇令と国家祭祀」

問 8	正解　3	問 9	正解　1
問 10	正解　3	問 11	正解　1
問 12	正解　1	問 13	正解　3
問 14	正解　4	問 15	正解　4
問 16	正解　2	問 17	正解　1

問18

以下の文章の【ア】【イ】【ウ】に入る言葉の組み合わせとして正しいものを選んでください。

　第50代桓武天皇は【ア】と【イ】を作成させました。これは、神宮の社殿や祭祀の内容が記されたもので、これによって神宮の規模は成文化され祭祀の規範が確立されました。延暦23年（804）に成立したこの2冊は、総称して【ウ】と呼ばれています。神宮の基本資料であるばかりか、古代の神社祭祀に関する最古の詳細な記録であり後世に大きな影響を与えました。

1．ア、伊勢儀式帳　　イ、止由気宮儀式帳
　　ウ、延暦儀式帳
2．ア、伊勢儀式帳　　イ、度会儀式帳
　　ウ、桓武儀式帳
3．ア、皇太神宮儀式帳　イ、止由気宮儀式帳
　　ウ、延暦儀式帳
4．ア、皇太神宮儀式帳　イ、度会儀式帳
　　ウ、桓武儀式帳

➡『神社のいろは　続』55ページ「神仏隔離の思想」
正解　3

以下の文章を読んで問19と問20の設問に答えてください。

『延喜式』は【ア】の命により延喜5年（905）に編纂が開始され、延長5年（927）に完成しますが、その後さらに修正が加えられ、施行されたのは康保4年（967）です。その内容は50巻約3300条からなり、律令官制の2官8省の役所ごとに配分されています。そのなかで、巻一から巻十までが神祇官関係の式で「神祇式」とも称され、分量が最も多く全体の3分の1を占めています。

「神祇式」の内容は、[巻一・二] 四時祭上・下、[巻三] 臨時祭、[巻四] 伊勢大神宮、[巻五] 斎宮寮、[巻六] 斎院司、[巻七] 践祚大嘗祭、[巻八]【イ】、[巻九・十] 神名上・下です。

問19
【ア】に入る言葉として正しいものを選んでください。

1．宇多天皇
2．醍醐天皇
3．朱雀天皇
4．村上天皇

問20

【イ】に入る言葉として正しいものを選んでください。

1．大膳職
2．神官
3．祝詞
4．八神殿

➡『神社のいろは　続』64ページ「延喜式と式内社」
問19　正解　2　　問20　正解　3

問21

以下の文章を読んで【ア】【イ】に入る言葉の組み合わせとして正しいものを選んでください。

八咫鏡の御形代（みかたしろ）は古くから宮中に納められ神鏡として扱われており、平安時代初期には温明殿に奉安され、その殿舎を【ア】や賢所といいました。【ア】は神宮の御代宮（ごだいきゅう）とされ、天皇の御拝礼が行われていました。一条天皇の御代には【ア】の前で【イ】が行われるようになり、【ア】の祭祀が整えられました。これは、天石屋戸神話に基づく神事で、夕刻から明け方まで夜を徹して行われ、現在も12月中旬に行われています。

1．ア、巫所　　イ、御神楽
2．ア、巫所　　イ、巫女舞
3．ア、内侍所　イ、御神楽
4．ア、内侍所　イ、巫女舞

➡ 『神社のいろは続』71ページ「天皇御願の祭祀と神鏡」

正解　3

問22

以下の文章を読んで【ア】【イ】に入る言葉の組み合わせとして正しいものを選んでください。

　宇多天皇は、醍醐天皇に譲位されるに際して『寛平御遺誡』を与えられます。そのなかには、夜明け前から服装を整え、身を清めて神祇を敬拝すること、との心構えもありました。醍醐天皇は、御所内の石灰壇で「毎朝御拝」を行われました。石灰壇とは、天皇の日常の居所となっていた清涼殿の東南隅にあり、地上を消石灰で築き固め、白い漆喰で塗り固めてありました。天皇が【ア】を遥拝されるときは、庭に下りて拝礼する【イ】という最大限の敬意を尽くされます。天皇は毎朝、この石灰壇に着座されて【ア】を遥拝されたのです。

1．ア、四方　イ、庭上下御
2．ア、四方　イ、庭下上御
3．ア、神宮　イ、庭上下御
4．ア、神宮　イ、庭下上御

➡ 『神社のいろは　続』72ページ「天皇御願の祭祀と神鏡」

正解　3

御霊会の展開について書かれた以下の文章を読んで問23から問25までの設問に答えてください。

貞観5年（863）、朝廷は京都の【ア】で大規模な官制の御霊会を初めて行いました。以後、御霊会はしばしば行われていきます。正暦5年（994）には北野船岡御霊会が、長保3年（1001）には紫野今宮御霊会が行われます。この際には、疫神を祀って神輿に載せ、【イ】へ送り出しました。疫神は外部から訪れて祟りをなすので、丁重にお祭りし、再び共同体の外へと送り出したのです。

いわゆる御霊のなかには、臨時的な御霊会だけではなく、神社の祭神となって恒常的に祀られる場合も出てきます。【ウ】や天満天神、あるいは、上下の【エ】に祀られた崇道天皇などです。祇園御霊会は天禄元年（970）に始まり、御霊会のなかでは最大規模の祭礼として展開していきます。天満天神とは【オ】公のことです。

問23
【ア】【イ】に入る言葉の組み合わせとして最もふさわしいものを選んでください。

1．ア、巨椋池　イ、川や海
2．ア、巨椋池　イ、深山
3．ア、神泉苑　イ、川や海
4．ア、神泉苑　イ、深山

問24

【ウ】【オ】に入る言葉の組み合わせとして正しいものを選んでください。

1. ウ、牛頭天王　オ、橘逸勢
2. ウ、牛頭天王　オ、菅原道真
3. ウ、蔵王権現　オ、橘逸勢
4. ウ、蔵王権現　オ、菅原道真

問25

【エ】に入る言葉として正しいものを選んでください。

1. 崇道社　　2. 荒神社
3. 権現社　　4. 御霊社

➡『神社のいろは　続』76ページ「御霊信仰の発生と展開」、69ページ「摂関政治と崩れゆく律令制度」

問23　正解　3
問24　正解　2
問25　正解　4

問26

「二十二社」に関する問題です。白河天皇の永保元年（1081）に日吉社が加えられ、いわゆる「二十二社奉幣」は確立しました。以下のうち、その「二十二社」ではないものを選んでください。

1．平野社　　　2．丹生社
3．貴布禰社　　4．愛宕社

➡『神社のいろは続』81ページ「二十二社奉幣の成立」
正解　4

問27

「一宮制」に関する以下の文章を読んで【ア】【イ】に入る言葉の組み合わせとして正しいものを選んでください。

　地方の長官である国司は任国に赴任すると、まず、国内に鎮座する有力神社を参拝しました。これを【ア】といいます。それぞれの国では、国司が崇拝する神社を管理するための台帳を作

りました。これが【イ】で『延喜式』巻九・十の体裁に準拠して作成されました。やがて、国司は国内の神社の管理の便宜上、有力神社のうちから最上位の神社を選んで一宮とし、他の神社を二宮、三宮と序列化し、地方の神社における一種の社格とされるようになりました。

1．ア、赴任参拝　イ、国内神名帳
2．ア、赴任参拝　イ、国司神祇帳
3．ア、国司神拝　イ、国内神名帳
4．ア、国司神拝　イ、国司神祇帳

➡ 『神社のいろは　続』83ページ「一宮と総社の成立」

正解　3

問28

以下の文章を読んで【ア】【イ】に入る言葉の組み合わせとして正しいものを選んでください。

　源頼朝の神宮に対する崇敬は並々ならぬものがありました。神宮の神領安堵については格別の思いで臨み、積極的に関東の土地を【ア】として寄進しています。神宮式年遷宮に関しても、資金面での国家的な支弁制度が円滑に運ぶよ

う、その後押しを行っています。頼朝の施策も影響してか、天照大神を祭神とする【イ】は日本全国に勧請されていくこととなります。そこには神宮御師たちの活躍がありました。こうして大神宮（伊勢）信仰は日本全国に広がっていくことになったのです。

1．ア、御師領　イ、天明社
2．ア、御師領　イ、神明社
3．ア、御厨　　イ、天明社
4．ア、御厨　　イ、神明社

➡『神社のいろは　続』90ページ「鎌倉幕府の成立と源頼朝の神祇信仰」

正解　4

問29

「凡（およ）そ禁中の作法は神事を先にし他事を後にす。旦暮（たんぼ）敬神の叡慮懈怠（えいりょけたい）なし」

　これは、何に書かれた一節でしょうか。

1．誡太子書　　2．御成敗式目
3．禁秘抄　　　4．禁中並公家諸法度

❖ 解 説 ❖

『誡太子書』は花園上皇が皇太子の量仁親王（かず
ひとしんのう／後の光厳天皇）のために記し、元徳
2年（1330）に贈られた訓戒書です。

➡『神社のいろは　続』93ページ「「神事を先にし
他事を後にす」」、「承久の変と御成敗式目」、119ペ
ージ「徳川幕府の社寺政策」

正解　3

中世期に仏家神道が成立するまでの概略が書かれた
以下の文章を読んで問30から問32までの設問
に答えてください。

　僧侶たちは、一層の神祇の研究を進め、その仏教
的理解を深めました。当時は本地垂迹説は普及して
いましたが、具体的な教説は整ってはいませんでし
た。そこで、【ア】や【イ】、『先代旧事本紀』など
が研究され、さまざまに解釈されていきます。とく
に【ア】は撰録当初から講義などはなされていたの
ですが、平安時代中期以来、広く普及した書物では
ありませんでした。ここから「中世神道書」の名で
総称される一連の秘書ともいうべきものが誕生して
いきます。その初期のものとされるのが平安末期の
『天照大神儀軌』で、鎌倉時代初期までに『【イ】訓
解』が成立します。ここから先、僧侶たちによって
唱えられた仏家神道説が展開されていくのです。

　仏家神道は一般に真言宗系の【ウ】神道、天台宗

系の【エ】神道に分類されます。

【ウ】とは密教の金剛界と胎蔵界のことです。これを伊勢の内宮・外宮にあてはめたため、その呼称が生まれました。神宮内宮を胎蔵界大日、外宮を金剛界大日と説き、そのほか諸神の本地、国家統治の根拠などについて密教の教説から説明しています。また、大きく仏教の影響を受けた神道という意味で、仏家神道を【ウ】神道と呼ぶ場合もあります。鎌倉中後期の『大和葛城宝山記』『麗気記』などを経て【ウ】神道説は成立しました。

問30

【ア】に入る言葉として最もふさわしいものを選んでください。

1．日本書紀　　2．万葉集
3．古事記　　　4．続日本紀

問31

【イ】に入る言葉として正しいものを選んでください。

1．中臣寿詞　　2．中臣祓
3．祈年祭祝詞　4．出雲国造神賀詞

問 32

【ウ】【エ】に入る言葉の組み合わせとして正しいものを選んでください。

1. ウ、両部　エ、比叡
2. ウ、小乗　エ、山王
3. ウ、両部　エ、山王
4. ウ、小乗　エ、比叡

➡『神社のいろは　続』96 ページ「鎌倉新仏教と仏家神道」、99 ページ「両部神道と山王神道の展開」

問 30　正解　1
問 31　正解　2
問 32　正解　3

問 33

以下は中世の農民たちの状況が書かれたものです。下線部分に関しての説明として間違っているものを選んでください。

　惣村では年貢の減免などをめぐって蜂起する土一揆なども起こりました。一揆とは特定の目的のもとに集団を結成することをいいます。一揆を結ぶに際しては、<u>起請文を記して「一味神水」という儀式</u>を行いました。

1. 起請文は「山王宝印」という護符の一種が用いられ、その裏面に書くのが一般的だった。
2. 起請文を記して焼き、それを神前に供えた神水に混ぜて回し飲み、共同飲食の作法によって結束を誓い合った。
3. 村の取り決めを行う際にも一味神水の儀式が行われた。
4. 行う場所は氏神を祀る村の鎮守の社だった。

級

➡ 『神社のいろは　続』107 ページ「惣村と宮座」、95 ページ「武士の生活と幕府の衰退」

正解　1

問 34

中世から近世にかけて広まったものに「三社託宣」があります。これを記した掛け軸などが信仰の対象として流布しましたが、これは、以下のどの神様の託宣を指しているでしょうか。最もふさわしいものを選んでください。

1. 伊勢・八幡・賀茂
2. 伊勢・賀茂・春日
3. 伊勢・八幡・春日
4. 八幡・賀茂・春日

➡『神社のいろは続』108 ページ「三社託宣の信仰」
正解　3

問 35
徳川幕府の社寺政策に関する以下の文章の空欄
【　】に入る言葉を選んでください。

　社寺に関する幕府の役職は、寺社奉行のほか
に遠国奉行の日光奉行と【　】がありました。
【　】は神宮の警備、造替などの管理、伊勢国
内の幕府領などの所管をしました。遷宮奉行と
も呼ばれ式年遷宮においてもその役割を果たし
ました。

1．度会奉行　　2．五十鈴奉行
3．山田奉行　　4．宇治奉行

➡『神社のいろは　続』119 ページ「徳川幕府の社寺政策」
正解　3

江戸幕府４代将軍・徳川家綱のときに神社や神職に
対して出された以下の基本方針（現代語訳）を読ん
で問 36 と問 37 の設問に答えてください。

定

― 諸社の神職は、神祇道やご祭神についてよく学び、伝来の神事・祭礼に努めなくてはならない。怠る者は、その職を剥奪する。

― 位階昇進を伝奏によって行ってきた者は、これからもその通りにすること。

― 位階を持たない神職は、白張を着けること。それ以外の装束を着ける場合は、吉田家からの免許状に従うこと。

― 社領地は決して売買してはならない。付則、質に入れることも禁じる。

― 社殿が破損したときは、そのつど修理を行うこと。付則、掃除を怠ってはならないことも付け加える。

以上の条目は必ず守ること。もし違犯があった場合には、その過ちの大小によって裁定する。

寛文五年七月十一日

問 36

上記の江戸幕府の基本方針は何と呼ばれるものでしょうか。

1. 諸社祝部頭人法度
2. 諸社禰宜神主法度
3. 神社祭主神職法度
4. 神社神主巫女法度

問37
上記の基本方針を解釈する以下の記述のうち間違っているものを選んでください。

1. 第3条の「吉田家からの免許状」とは「神主裁許状」のことである。
2. 第2条の規定により、従来、特定神社が朝廷との間にもっていた関係を、幕府が追認したものと考えられる。
3. 大方の神職に対する吉田家の管轄を幕府が認めたものと考えられる。
4. 朱印地、黒印地は神社の私有地ではなく公領という扱いを明確にしたものである。

➡ 『神社のいろは　続』120ページ「諸社禰宜神主法度」、114ページ「宗源宣旨と神道裁許状」、117ページ「天下人と神」

問36　正解　2　　問37　正解　1

応仁の乱以降、行われなくなった朝儀や祭儀の再興の動きについて書かれた以下の文章を読んで問38と問39の設問に答えてください。

　後水尾天皇は、幕府の規制に反発されて明正天皇に譲位され、さらに、幕府に対し朝儀再興を強く要望されました。こうしたなか、幕府からの願いに応え、東照社への宮号、日光例幣使発遣が宣下されました。これに対し、朝廷は神宮の例幣使発遣の復活

を幕府に要望し、正保4年（1647）に180年ぶりの【ア】への奉幣が実現します。この例幣使発遣の儀式が行われた場所が、吉田山上にあった【イ】でした。

　神宮式年遷宮も応仁の乱を境にして、120年以上中断されていました。しかし、永禄6年（1563）、慶光院清順上人の勧進がもとになり、第40回外宮式年遷宮が再興されます。また、天正13年（1585）には、慶光院周養上人の勧進活動により第41回式年遷宮（内宮・外宮）が再興されました。

　従来、式年遷宮は【ウ】が先に遷宮を斎行し、【エ】はその【オ】に行われるのがおおむねの慣例となっていました。この第41回式年遷宮は内宮・外宮が同年同月に斎行され、正親町天皇の勅命により内宮が10月13日に、外宮が同月15日に行われました。その後の慶長14年（1609）に両宮の式年遷宮が行われ、以降、式年遷宮は『延喜式』の定めに従い20年ごとに行われるようになりました。

問38

【ア】【イ】に入る言葉の組み合わせとして正しいものを選んでください。

1．ア、月次祭　イ、神祇官代

2．ア、神嘗祭　イ、神祇官代

3．ア、月次祭　イ、太元宮神殿

4．ア、神嘗祭　イ、太元宮神殿

問 39

【ウ】【エ】【オ】に入る言葉の組み合わせとして正しいものを選んでください。

1. ウ、内宮　エ、外宮　オ、2〜3年後
2. ウ、外宮　エ、内宮　オ、10 年後
3. ウ、内宮　エ、外宮　オ、10 年後
4. ウ、外宮　エ、内宮　オ、2〜3年後

➡ 『神社のいろは　続』124 ページ「大嘗祭と朝儀再興」、125 ページ「神宮式年遷宮の再興」

問 38　正解　2　　　問 39　正解　1

問 40

以下の文章の空欄【　】に入る言葉として最もふさわしいものを選んでください。

　神宮では、永禄6年（1563）の式年遷宮以来、5回にわたって慶光院上人がかかわっていましたが、寛文6年（1666）、幕府によってその勧進が停止され、神宮祭主である【　】家を中心に行われるようになりました。【　】家とは大中臣氏のことで、室町後期から【　】を号するようになったものです。

1. 荒木田　　2. 藤波
3. 葛城　　　4. 世古

➡ 『神社のいろは続』127 ページ「神仏分離の序奏」
正解　2

以下の文章を読んで問 41 から問 43 までの設問に答えてください。

　本居宣長は 23 歳のときに医者を志して京都に赴き、医学と漢学を学びました。その間、契沖の著書に接し、学問を志すようになります。

　34 歳のとき、伊勢参宮帰りの賀茂真淵を訪ね、面会を果たします。そのとき、宣長は真淵に入門を請い、真淵からは『古事記』研究を勧められます。宣長は 30 余年をかけて大著『古事記伝』を書き上げます。宣長の研究によって、『古事記』はより重要な神道古典として仰がれるようになりました。『古事記伝』巻一に所収される【　】では、儒教的な漢意を排除して大和心に立ち返るべきと訴えています。宣長は神道を、仏教、儒教はもちろん、老荘の教えとも異なると主張しました。そして、万物の生成と展開の過程が神道というものだと述べています。

問 41
下線部の契沖が徳川光圀に依頼されて著した本で、その実証的な内容で後世に大きな影響を残したものとはどれでしょうか。

1．古史伝　　　2．国意考
3．万葉代匠記　　4．万葉集古義

問 42

下線部の賀茂真淵のことを書いた以下の記述の
うち間違っているものを選んでください。

1．「神代」を理解するためには古の言葉の意
　　味と感情を理解することが必要で、そのた
　　めには『万葉集』の研究が最も重要とした。
2．荷田春満の遺志を継いで、京都に学校を作
　　ることを幕府に献言する草稿「創学校啓」
　　を書いたとされる。
3．「延喜式祝詞」の最初の本格的な注釈書で
　　ある『祝詞考』も著した。
4．枕詞について書いた『冠辞考』も執筆した。

問 43

空欄【　】に入る言葉として正しいものを選ん
でください。

1．直毘霊　　　2．玉勝間
3．大祓詞後釈　　4．うひ山ぶみ

➡ 『神社のいろは　続』141ページ「本居宣長の国学の集大成」、139ページ「国学の勃興」、143ページ「平田篤胤の展開」

問41　正解　3

問42　正解　2

問43　正解　1

以下の文章を読んで問44から問47までの設問に答えてください。

【ア】の思想に多くを学びながら、新たな学説を展開したのが【イ】です。【イ】は、『霊能真柱』という著書を刊行しますが、その内容は死後の霊魂の行方を明らかにするというものでした。人の霊魂は死後、「黄泉国（泉／よみ・月）」ではなく、【ウ】の治める「幽冥界」に行くと主張したのです。

　地獄や極楽、浄土といった仏教の世界観を退け、死後、人間の魂は行いの善悪にかかわらず、すべて「黄泉国」に行くとし、「黄泉国」のことについては細かい詮索は無用であるとしていたのが【ア】でした。それに対して、【イ】は、この世に幽冥界があることを主張しました。

　この霊魂観・死後観は、『古事記』の神々の事跡を重視し、そこに人智を介入させず、その結果、死後の世界に対する観念が淡白だった【ア】の思想に対し、死にまつわることを明確に打ち出して宗教性を深めたものということができます。

　【イ】は神職に対して入門を積極的に働きかけるとともに、吉田家などとの関係も構築していきました。

その没後、幕末から維新にかけても飛躍的に門人が増えていきます。そのなかには、武士たちもいました。門人たちは、各地で神葬祭の復興運動や尊王運動に従事し、維新に際して大きな影響力をもちました。

問44

【ア】【イ】に入る言葉の組み合わせとして正しいものを選んでください。

1. ア、荷田春満　イ、平田篤胤
2. ア、賀茂真淵　イ、本居宣長
3. ア、本居宣長　イ、平田篤胤
4. ア、荷田春満　イ、賀茂真淵

問45

【ウ】に入る言葉として正しいものを選んでください。

1. 素戔嗚神　　2. 少彦名神
3. 伊奘冉神　　4. 大国主神

問46

下線部「入門を積極的に働きかける」に関して、その学塾組織とは何でしょうか。

1. 鈴屋　　2. 気吹舎
3. 縣　　　4. 後鈴屋

問47

下線部「吉田家」に関し、当時、その吉田家と神職の伝奏をめぐって対立していたところとはどこでしょうか。

1. 白川家　　2. 烏丸家
3. 坊城家　　4. 柳原家

❖ 解 説 ❖

　縣（あがた）は、賀茂真淵が雅号として「縣居（あがたい）」を用いたことから、その門流を「縣居学派」「縣門（けんもん）」などと称しました。

➡『神社のいろは 続』143ページ「平田篤胤の展開」、139ページ「国学の勃興」、144ページ「復古神道の展開」、120ページ「諸社禰宜神主法度」

問44 正解 3　　問45 正解 4
問46 正解 2　　問47 正解 1

問48
以下のうち「国学の四大人」と位置づけられた人の組み合わせで正しいものを選んでください。

1. 一条兼良　契沖　荻生徂徠　本居宣長
2. 徳川光圀　保科正之　山崎闇斎　池田光政
3. 荷田春満　賀茂真淵　本居宣長　平田篤胤
4. 平田篤胤　平田鉄胤　大国隆正　矢野玄道

➡ 『神社のいろは　続』144ページ「復古神道の展開」、112ページ「中世神道説の集大成」、127ページ「神仏分離の序奏」、132ページ「儒家神道の展開」、136ページ「神道説の集大成」、139ページ「国学の勃興」、141ページ「本居宣長の国学の集大成」、143ページ「平田篤胤の展開」

正解　3

　明治時代の「大教宣布」について書かれた以下の文章を読んで問49から問51までの設問に答えてください。

　明治4年に神祇官は、太政官の下の組織である【ア】となり、さらに明治5年に社寺を中心とした

宗教行政全般を所管する【イ】に改組されます。仏教界からの強い要望もあって、神道家、神職のみならず僧侶も新たに【ウ】として動員され、【エ】に基づき、氏子や信徒を集めて講義・説教を行いました。【エ】とは以下です。

一、敬神愛国ノ旨（むね）ヲ体（たい）スヘキ事
一、天理人道ヲ明（あきらか）ニスヘキ事
一、皇上（こうじょう）ヲ奉戴（ほうたい）シ朝旨（ちょうし）ヲ遵守（じゅんしゅ）セシムヘキ事

　しかし、一部の仏教宗派からの反発により、神仏合同の中央組織は3年で中止され、仏教各宗派は、各自の組織に則って教化活動を行うこととなりました。また、神職を中心とした神道側の人たちは【オ】を設立し、各地に分局を置いて教化活動を継続しました。

問49
【ア】【イ】に入る言葉の組み合わせとして正しいものを選んでください。

1．ア、神祇省　イ、神祇院
2．ア、神祇省　イ、教部省
3．ア、神祇院　イ、神祇省
4．ア、教部省　イ、神祇省

問 50

【ウ】【エ】に入る言葉の組み合わせとして正しいものを選んでください。

1. ウ、教導職　エ、愛国の詔勅
2. ウ、教導職　エ、三条の教則
3. ウ、宣教職　エ、三条の教則
4. ウ、宣教職　エ、愛国の詔勅

問 51

【オ】に入る言葉として正しいものを選んでください。

1. 國學事務局　　2. 皇典事務局
3. 皇學事務局　　4. 神道事務局

➡ 『神社のいろは　続』152 ページ「教部省と国民教化策の展開」、158 ページ「神祇院の設立と護国神社」

問 49　正解　2

問 50　正解　2

問 51　正解　4

以下の文章を読んで問 52 と問 53 の設問に答え
てください。

　明治 15 年、政府は官国幣社神官を国民の教化
運動から撤退させ、あわせて葬儀に関与すること も
禁止しました。政府は、神官の教化活動が、「国家
の宗祀」の祭祀者としての本務から逸脱していると
いう観点から、撤退させたのです。これは、「神社
は宗教にあらず」という神社非宗教論の行政的解釈
によるものとされています。これは、明治政府なり
の「政教分離」ともいえました。つまり、神社は「国
家の宗祀」として、一宗一派に属する宗教的存在で
はなく、ほかの宗教とは扱いを別にすることで、政
治と宗教の分離が目指されたのです。これと意見を
異にした人たちもいました。出雲大社宮司の【ア】
などは、官幣大社の職を離れ、神社とは密接不可分
としつつ、教団を組織して神道の布教を始めました。
こういう教団は後に【イ】と呼ばれました。

問 52
【ア】に入る言葉として正しいものを選んでく
ださい。

1．北島斉孝　　2．福羽美静
3．黒住宗忠　　4．千家尊福

問 53

【イ】に入る言葉として正しいものを選んでください。

1．教団神道　　2．布教神道
3．教派神道　　4．神社神道

❖ 解 説 ❖

　問 52 の北島斉孝（なりのり）は出雲大社の北島国造家 76 代です。福羽美静は国学者・歌人で明治維新政府の神祇官の要職に就き神祇制度の確立に尽力しました。黒住宗忠は黒住教の教祖です。

➡『神社のいろは　続』152 ページ「教部省と国民教化策の展開」、154 ページ「教派神道」

問 52　正解　4　　　問 53　正解　3

以下の文章を読んで問 54 から問 56 の設問に答えてください。

　大神神社には本殿がなく、拝殿裏の【ア】鳥居を通して、直接、三輪山を拝する原初の神祀りの形が伝えられています。「三輪鳥居」ともいわれるこの独特の鳥居は、「古来、一社の神秘」といわれて、いつどのような経緯でこの形式ができたのかは不明といいます。三輪山は古くは全山が禁足地で、今でも【ア】鳥居の奥は禁足地となっています。

ご祭神は大物主大神で、大己貴神と少彦名神を配祀しています。『日本書紀』によれば大物主神は国作りの神様である大国主神の【イ】です。

　また、【ウ】によれば、大穴持命（おおなもちのみこと／大己貴神）が自らの和魂を八咫鏡（やたのかがみ）にとりつけ、「倭大物主櫛甕玉命（やまとおおものぬしくしみかたまのみこと)」と称えて「大御和（おおみわ）の神奈備」に鎮めたといいます。

問54

【ア】に入る言葉として正しいものを選んでください。

1.二ツ　　2.三ツ　　3.四ツ　　4.五ツ

問55

【イ】に入る言葉として正しいものを選んでください。

1. 荒魂
2. 幸魂（さきみたま）
3. 奇魂（くしみたま）
4. 幸魂奇魂

問 56
【ウ】に入る言葉として正しいものを選んでください。

1. 古事記　　　　2. 日本書紀
3. 出雲国造神賀詞　　4. 続日本紀

➡『神社のいろは　続』164 ページ「大神神社について教えてください」
問 54　正解　2
問 55　正解　4
問 56　正解　3

問 57
奈良県に鎮座する石上神宮について書かれた以下の文章を読んで【ア】【イ】に入る言葉の組み合わせとして正しいものを選んでください。

　主祭神は、布都御魂（ふつのみたまの）大神と布留御魂大神、布都斯魂大神です。布都御魂大神は、神剣・韴霊（ふつのみたま）に宿られる霊威のことです。『日本書紀』によれば、韴霊は国譲りに際して、【ア】が帯びておられた十握剣のことで、神武東征の際、熊野の【イ】を介して気を失われた神武天皇に授けられ、熊野を平定した剣のことです。

1．ア、武甕雷神　イ、饒速日命
2．ア、武甕雷神　イ、高倉下
3．ア、経津主神　イ、饒速日命
4．ア、経津主神　イ、高倉下

級

➡『神社のいろは　続』167ページ「石上神宮について教えてください」。饒速日命については『神話のおへそ『古語拾遺』編』52ページ「【神武天皇の東征と橿原の宮】」

正解　2

問58

以下の文章の空欄【　】に入る言葉として正しいものを選んでください。

　ご祭神は天照大神之荒御魂です。後に、住吉大神、八幡大神、諏訪建御名方神と高皇産霊神が加えられて、古くは「【　】五社」とも称されました。【　】神社は京の都から西方にあったため、中世の貴族たちは当社を「西宮」と称したともいわれ、当社への参拝を「西宮下向」ともいいました。これが、現在の「西宮市」の名称へとつながっています。

1．廣田　　2．生田
3．長田　　4．西宮

7

➡『神社のいろは続』176ページ「廣田神社について教えてください」

正解　1

問59

『日本書紀』に「幽宮（かくれみや）を淡路の洲（くに）に構（つく）りて、寂然（しずか）に長く隠れましき」とあり、社伝によれば、現在のご本殿の位置が元の「幽宮」で、ご祭神の神跡とされる神社とはどれでしょうか。淡路国の一宮で、鎮座地の旧名は「一宮町多賀」でした。

1．多賀大社　　　2．少宮神社
3．伊弉諾神宮　　4．猿田彦神社

➡『神社のいろは　続』186ページ「多賀大社と伊弉諾神宮について教えてください」

正解　3

問60

以下の文章は何という神社を説明したものでしょうか。

　創祀は奈良時代以前に遡るとされています。蝦夷に対する前進基地として陸奥国に国府・多賀城が設けられたのは奈良時代初期のことです。鎮座地はその多賀城から北東５キロ余のところ、つまり鬼門の位置にあります。また、近くの千賀ノ浦は天然の良港で多賀城の外港でもありました。『弘仁式』に載せられていた祭祀料は全国でも最大級のものでした。「延喜式神名帳」には記載がありませんが、祭祀料に関しては『弘仁式』と同様の記述があります。後一条天皇の寛仁元年（1017）には天皇一代一度の奉幣にあずかっていて、陸奥国ではここだけのことでした。陸奥国一宮として、奥州藤原氏や中世の武家領主からも崇敬を受けました。

1．岩木山神社　　2．気比神宮
3．彌彦神社　　　4．鹽竈神社

❖　解　説　❖

　気比神宮は伊奢沙別命（いざさわけのみこと）を主祭神とし福井県敦賀市に鎮座しています。彌彦神社は天香山命（あめのかごやまのみこと）をご祭神とし新潟県西蒲原郡弥彦村に鎮座しています。

➡『神社のいろは　続』198 ページ「鹽竈神社、志波彦神社について教えてください」、202 ページ「岩木山神社について教えてください」

正解　4

問61

ご祭神は大山祇命と大己貴命、少彦名命です。
古来、ご社殿はなく、ご神体の巨石の上部から
温泉が湧き出ています。古くは月山の奥の院と
もいわれました。この神社は出羽三山神社の一
つですが、何という神社でしょうか。

1. 月山神社　　　2. 出羽神社
3. 湯殿山神社　　4. 羽黒神社

➡ 『神社のいろは　続』200 ページ「出羽三山神社
について教えてください」

正解　3

問62

大阪府三島郡島本町広瀬に鎮座しています。ご
祭神は、後鳥羽天皇と土御門天皇、順徳天皇で
す。この神社は何という神社でしょうか。

1. 近江神宮　　2. 水無瀬神宮
3. 赤間神宮　　4. 水天宮

❖　解　説　❖

　近江神宮は天智天皇をお祭りし滋賀県大津市に鎮
座する神社です。赤間神宮は安徳天皇をお祭りし山
口県下関市に鎮座する神社です。水天宮は天御中主

大神や安徳天皇などをお祭りし東京都中央区に鎮座する神社です。

➡『神社のいろは　続』204ページ「水無瀬神宮について教えてください」

正解　2

問63から問94は『古語拾遺』に関する問題です。

以下は、「跋文」の一部の現代語訳です。文章を読んで問63と問64の設問に答えてください。

　まさに今、天皇陛下がご即位され、そのご威光は国中に広がり、新たな元号も定まり、お恵みは波のように四方に寄せて、誤った慣習は古の良きものに改まり、政治の欠陥もすぐに改まりました。時勢に随って制度を定め、万世にも続く素晴らしいしきたりを後世へ伝え、廃れたものを再興し、断絶したものを復興するなどして、長年の欠陥を是正されようとしています。もし、この【　】を制定しようとする年に当たって、神祇の祭祀の儀礼を制定できなければ、後世の人間が今の状況を見て、現在、古の根源がわからなくなっているのと同じような混乱の状態であると見られてしまうことを恐れます。

問 63

下線部の「天皇陛下」とは、どなたのことを指しているでしょうか。

1. 桓武天皇　　2. 平城天皇
3. 清和天皇　　4. 醍醐天皇

問 64

空欄【　】に入る言葉として正しいものを選んでください。

1. 律　　2. 令　　3. 格　　4. 式

➡『神話のおへそ『古語拾遺』編』90 ページ「斎部広成について」

問 61　正解　2　　問 62　正解　4

問 65

「天孫降臨」に際しては、さまざまな神勅が下されますが、最後に天照大神は次のように話されました。以下の文章を読んで空欄【　】に入る言葉として正しいものを選んでください。
「太玉命は配下の神々を率いて、高天原にいた時と同様にその職分で奉仕しなさい」。そこで、

太玉命の配下の神々もまた従って天降りました。【　】には「沢山の神々を率いて、永久に皇孫を守りもうしあげなさい」というお言葉を下されました。

1．少彦名神　　2．大物主神
3．事代主神　　4．武甕槌神

➡『神話のおへそ『古語拾遺』編』45 ページ「【神勅】」

正解　2

以下の文章を読んで問 66 から問 69 までの設問に答えてください。

　皇孫が天降ろうとした時、前駆の神が戻ってきて「一人の神が天降る道の途中にいます。（後略）」と報告しました。そこで供の神を派遣してその神の名前を問わせたのですが、眼光が鋭く、どの神々も面と向かって話すことができません。そこで、【ア】が命令され、赴きました。【ア】は乳房を露わにして帯の紐を臍（ほぞ）の下まで押し下げて、正面に向きあい、ニッコリと笑いました。

問66

下線部の「一人の神」とはどなたでしょうか。

1. 彦火尊
2. 彦激（なぎの）尊
3. 猿田彦大神
4. 経津主神

問67

【ア】に入る言葉として正しいものを選んでください。

1. 天鈿女命
2. 豊玉姫命
3. 天忍（おし）日命
4. 天槵（くし）津大来目

問68

【ア】はある氏族の祖神ですが、その氏族とは以下のどれでしょうか。

1. 火女（ひのめの）君
2. 勝部（すぐりべ）
3. 猿女君
4. 来目部

問69

上記の文章の後、【ア】は「一人の神」に「あなたはどこに行くのか」と尋ねますが、「一人の神」はどこに行くと答えたでしょうか。

1. 伊勢　　2. 日向
3. 常陸　　4. 出雲

➡ 『神話のおへそ『古語拾遺』編』48 ページ「【天孫降臨】」、64 ページ「【雄略天皇の御代に】」、44 ページ「【天孫】」

問66　正解　3　　問67　正解　1
問68　正解　3　　問69　正解　1

以下は「日神の天石窟からの出現」の場面です。文章を読んで問 70 から問 74 までの設問に答えてください。

　思兼神の提案に従い、石凝姥神に太陽のすがたを模した鏡を作らせました。最初に作ったものは、少し意図したものとは違いました。次に作ったものは、きれいに出来上がりました。すっかり準備が整って、思兼神の提案通りになりました。そこで【ア】は丁重に祝詞を申し上げました。そして、【ア】と【イ】の二人でお祈りをしました。そのとき、天照大神は心の中で「最近、私が引き籠もって世界が全て真っ暗になったはずなのに、大勢の神々はどうしてこの

ように歌い遊んでいるのだろう」と思われて、岩戸を少し開けてのぞき見ました。このとき、天手力雄神がその戸を引き開け、新しい【ウ】へ天照大神をお移し申し上げました。すぐに【ア】と【イ】は日御綱（いまはシリクメナワという。これは日の影・日光の形をしています）を【ウ】の周りに張りめぐらし、【エ】を天照大神の近くに仕えさせました。

問70

日神を天石窟からお出しするために、下線部の「思兼神の提案」に従って、さまざまな神様がいろいろなものを作ることになりますが、そのうち、天羽槌雄（あめのはづちのおの）神が作ることになったものとは以下のどれでしょうか。

1．文布（しつ）の織物
2．刀・斧・鉄の鐸（さなき）
3．神衣
4．玉の首飾り・腕飾り

問71

下線部の「最初に作ったもの」「次に作ったもの」は、それぞれどこのご神体とされているでしょうか。

1.「石上布都之魂神社」「石上神宮」

2.「日前神宮」「神宮」

3.「日前神宮」「石上神宮」

4.「石上布都之魂神社」「神宮」

問72
【ア】【イ】に入る言葉の組み合わせとして正しいものを選んでください。

1. ア、太玉命　　イ、天忍日命
2. ア、天忍日命　イ、太玉命
3. ア、太玉命　　イ、天児屋命
4. ア、天児屋命　イ、太玉命

問73
【ウ】に入る言葉として正しいものを選んでください。

1. 斎庭（ゆにわ）　　2. 御殿
3. 石窟　　　　　　　4. 河原

問74

【エ】に入る言葉として正しいものを選んでください。

1．大戸日別（おおとひわけの）神
2．大屋毘古（おおやびこの）神
3．大宮売（おおみやのめの）神
4．弥都波能売（みつはのめの）神

❖ 解 説 ❖

　問74の大戸日別神は戸の神で、大屋毘古神は家屋の神、弥都波能売神は水の神です。いずれも『古事記』に登場し、伊邪那岐命と伊邪那美命が生んだ神です（公式テキスト②『神話のおへそ』42ページ「多くの神々を生んだ伊邪那美命の死」参照）。このうち、弥都波能売神は、罔象女（みつはのめ）として『日本書紀』の第五段の一書に登場します（公式テキスト⑩『神話のおへそ『日本書紀』編』83ページ「『日本書紀』の神系譜　第五段の一書」参照）。
➡『神話のおへそ『古語拾遺』編』34ページ「【天石窟】」、39ページ「【日神の出現と素戔嗚神の追放】」、42ページ「【剣と「国作り」】」、167ページ「天石窟神話の重要性」、169ページ「現在の存在の根拠は神代の出来事」

問70　正解　1　　問71　正解　2
問72　正解　3　　問73　正解　2
問74　正解　3

問75

以下の現代語訳の文章を読んで空欄【 】に入る言葉として正しいものを選んでください。

　天富命は斎部たちを率いて、（中略）宮殿の中に【 】を懸け、神様へのお供え物をならべて、宮殿の祭りの祝詞を奏上しました（この祝詞は別巻に記載されています）。ついで、宮殿の門の祭りを行いました。

1．玉　　　　2．青和幣
3．白和幣　　4．鈴

➡『神話のおへそ『古語拾遺』編』56ページ「【大殿祭・御門祭と大嘗祭】」、34ページ「【天石窟】」

正解　1

ある書物に関して書かれた以下の文章を読んで問76と問77の設問に答えてください。

　弘仁6年（815）に、万多親王を中心に編纂された本書では、平安京と五畿内（山城・大和・摂津・河内・和泉国）の国別に、全1182氏を、天神地祇の子孫の【ア】、天皇・皇子などの子孫の【イ】、渡来人の子孫の【ウ】の三つの出自に区分し、祖先や系譜の伝承、改姓の経緯などが記されています。平安時代初期においても氏姓の混乱は大きな問題であり、出自を偽る者が多く存在したため、それを正すのが本書の目的であったと考えられます。

問76

【ア】【イ】【ウ】に入る言葉の組み合わせとして正しいものを選んでください。

1. ア、神別　　イ、皇別　　ウ、諸蕃
2. ア、神別　　イ、王別　　ウ、諸蕃
3. ア、天別　　イ、皇別　　ウ、諸外
4. ア、天別　　イ、王別　　ウ、諸外

問77

上記の書物は何と呼ばれているでしょうか。最も適切なものを選んでください。

1. 氏族志　　　　2. 新撰姓氏録
3. 弘仁姓氏録　　4. 延暦本系帳

➡『神話のおへそ『古語拾遺』編』99ページ「『新撰姓氏録』の編纂」

問76　正解　1　　問77　正解　2

以下の文章を読んで問78から問81までの設問に答えてください。

古代において『古語拾遺』がどのように受容されていたかが分かる例として『先代旧事本紀』での記述があります。『先代旧事本紀』には『古語拾遺』から多くの引用が見られるからです。同書は遅くとも9世紀末期頃の成立ですから、『古語拾遺』の受容の例として最も古いものの一つです。例えば「【ア】即位」の記述が「記紀」と異なる記事内容となっています。【イ】の祖先である饒速日尊が【ウ】を奉じて天皇に仕えたとする独自の伝承を記した後に、『古語拾遺』の記述を引用しています。

他には、朝廷のさまざまな儀式について記された『本朝月令』での記述があります。6月・12月の【エ】の前日に行われる「十日奏御卜事（とおかにそうするみうらのこと）」のところで引用され、神祇官が朝廷の諮問に答えた『神祇官勘文（かんもん）』（天暦3年／949）の「鎮魂祭の条」にも引用されています。こういった事実から、古代においては、朝廷の神事の由緒を考証する際に『古語拾遺』が引用されていたことが分かります。

問78
【ア】に入る言葉として正しいものを選んでください。

1. 神武天皇　　2. 崇神天皇
3. 垂仁天皇　　4. 天武天皇

問 79

【イ】に入る言葉として正しいものを選んでください。

1. 蘇我氏　　2. 大伴氏
3. 西文氏　　4. 物部氏

問 80

【ウ】に入る言葉として正しいものを選んでください。

1. 御装束神宝　　2. 二十一種神宝
3. 十種神宝　　　4. 三種の神器

問 81

【エ】に入る言葉として正しいものを選んでください。

1. 月次祭　　2. 鎮火祭
3. 大祓　　　4. 神衣祭

➡『神話のおへそ『古語拾遺』編』115 ページ「古代において」

問78 正解 1　　問79 正解 4

問80 正解 3　　問81 正解 1

以下の文章を読んで問 82 から問 84 までの設問に答えてください。

『古語拾遺』を考える場合には「延喜式祝詞」との関連も見ていく必要があります。『延喜式』巻八の「祝詞」には、「カムロギ・カムロミ」の神名が頻繁に出てきます。しかし、これは、『続日本紀』の【ア】(日本固有の言葉である大和言葉の形式の天皇の詔（みことのり）を口頭で読み聞かせたもの) など、口頭で伝えられる形式を文字で記録した以外ではあまり用いられません。まさに、口頭の形式の記録でもあった『延喜式』の祝詞において出てくるのです。「高天原に神留坐（かむづまりま）す、皇（すめら）が親（むつ）カムロギ・カムロミの命以（みこともち）て」といったフレーズのある祝詞が、「祈年祭」「月次祭」「大祓」などいくつかあります。祝詞の研究では、この「カムロギ・カムロミ」の神名が書かれている祝詞は、律令が制定されたころに成立した比較的古いものではないかと考えられています。この「カムロギ・カムロミ」がどの神を指す言葉であるのかは一定していません。必ずしも特定の神ではなく、尊い【イ】としての一般名詞であるというのが標準的な解釈となっています。

問82

【ア】に入る言葉として最も適切なものを選んでください。

1. 詔勅　　2. 寿詞（よごと）
3. 宣命　　4. 御祭文（ごさいもん）

問83

下線部の「命以（みこともち）て」の意味として最もふさわしいものを選んでください。

1. 命（いのち）をかけて
2. 慈悲のもとに
3. 知識のもとに
4. ご命令通りに

問84

【イ】に入る言葉の組み合わせとして正しいものを選んでください。

1. 男女対のきょうだい神
2. 男女対の始祖神
3. 同性の兄弟・姉妹神
4. 男女に関係のない祖先神

❖ 解 説 ❖

　詔勅は、天皇の意志を伝える詔書、勅書、勅語の総称です。寿詞は、祝賀の意を述べる朗読文です。御祭文は、天皇が勅使を代理として神祇に奉ることばを記してある文のことです。

➡ 『神話のおへそ『古語拾遺』編』140 ページ「カムロギ・カムロミ」、197 ページ「詔と「命以て」」

問82　正解　3

問83　正解　4

問84　正解　2

　以下の現代語訳の文章を読んで問 85 から問 87 までの設問に答えてください。

　天富命（太玉命の孫である）に命じて、手置帆負（たおきほおい）・彦狭知（ひこさしり）の二神の子孫を率いて神聖な斧・鋤で山から木材を伐り出させ、天皇の宮殿を作らせました。（中略）その由来から、二神の子孫は【ア】国名草郡（なぐさのこおり）の御木（みき）・麁香（あらか）の地に住んでいます。（中略）

　また、天富命に斎部の配下の諸氏を率いて、さまざまな神宝、鏡・玉・矛・盾・木綿・麻などを作らせました。櫛明玉命の子孫は、御祈玉（古い言葉に「みほきたま」といいます。それは「祈祷」という意味です）を作りました。その子孫は、いま、【イ】国に住んでいます。毎年、貢ぎ物と一緒にその玉を献上しています。

天日鷲命の子孫は木綿と布（古い言葉に「あらたえ」といいます）を作りました。また、天富命に命じて、日鷲命の子孫に肥沃な土地を探させ、【ウ】国に派遣してカジノキ・麻を植えさせました。その子孫はいまもその国に住み、大嘗祭のとき、木綿・麻布の他さまざまの物を献上します。（中略）

　天富命はさらに肥沃な土地を求め、東国の関東の地に【ウ】国の斎部の一部を移住させ、麻・カジノキを植えました。それらがよく育ち、ふさふさと生え茂りました。（中略）天富命はそこに太玉命の神社を建てました。いまの【エ】です。そのため、その神戸には斎部氏がいます。

　また、手置帆負命の子孫は矛・竿を作り、いまは【オ】国に居住しています。毎年の調・庸のほかに、数多くの竿を献上しています。これらの事実が全て古の事跡を証明しているのです。

問85
【ア】【イ】に入る言葉の組み合わせとして正しいものを選んでください。

1．ア、筑紫　イ、紀伊
2．ア、紀伊　イ、筑紫
3．ア、紀伊　イ、出雲
4．ア、出雲　イ、紀伊

問86

【ウ】【オ】に入る言葉の組み合わせとして正しいものを選んでください。

1．ウ、阿波　オ、讃岐
2．ウ、讃岐　オ、阿波
3．ウ、讃岐　オ、筑紫
4．ウ、阿波　オ、伊勢

問87

【エ】に入る言葉として正しいものを選んでください。

1．御歳神社　　2．天太玉命神社
3．安房神社　　4．忌部神社

➡ 『神話のおへそ『古語拾遺』編』53 ページ「【造殿と斎部】」「【祭祀具と斎部】」、144 ページ「「地方の忌部」」。問 87 の「御歳神社」については 282 ページ「祈年祭の「かたち」」

問85　正解　3
問86　正解　1
問87　正解　3

以下の現代語訳の文章を読んで問88から問91までの設問に答えてください。

　さて、<u>天照大神・高皇産霊神の二神のご命令に従って、神籬が建てられました。</u>高皇産霊・神産霊・魂留産霊・生産霊・足産霊・大宮売神・事代主神・御膳神（神祇官の【ア】に祀られている神です）、櫛磐間戸神・豊磐間戸神（内裏の御門に祀られている神）、【イ】（国土の神）、【ウ】（宮殿の敷地の神）がお祀りされました。

問88
下線部の「天照大神・高皇産霊神の二神のご命令に従って、神籬が建てられました。」は何を表しているでしょうか。

1．天壌無窮の神勅　　2．同床共殿の神勅
3．神籬磐境の神勅　　4．侍殿防護の神勅

問89
【ア】に入る言葉として正しいものを選んでください。

1．八神殿　　2．神籬殿
3．産霊殿　　4．大宮殿

問90

【イ】【ウ】に入る言葉の組み合わせとして正しいものを選んでください。

1. イ、生井（いくい）
   ウ、福井
2. イ、綱長井（つながい）
   ウ、波比祇（はひき）
3. イ、八十島（やそしま）
   ウ、敷島
4. イ、生嶋（いくしま）
   ウ、坐摩（いかすり）

問91

これらの神々は神祇官で誰によって奉仕されていたでしょうか。

1. 猿女氏　　2. 御巫
3. 中臣氏　　4. 漢直（あやのあたい）

➡『神話のおへそ『古語拾遺』編』55ページ「【神籬を建て神々を祀る】」、45ページ「【神勅】」、209ページ「【神籬を建て神々を祀る】」、212ページ「八神殿の起源伝承」、63ページ「【応神天皇の御代に】」

問88　正解　3　　　問89　正解　1
問90　正解　4　　　問91　正解　2

以下の現代語訳の文章を読んで問 92 から問 94 までの設問に答えてください。

　磯城の瑞垣宮に都した崇神天皇の御代、次第に神様の霊威を恐れ畏むようになり、ご神体を同じ宮殿の内に留めておくのは畏れ多い、と感じられるようになりました。そこで、斎部氏に命じて石凝姥神・天目一箇神の子孫たちに新たに【ア】を作らせ、天皇をお守りするしるしとしました。これらは、いま、天皇がご即位されるときに、【イ】が奉る神璽の【ア】です。そして、大和国の笠縫邑に磯城の神籬を建て、天照大神のご分身の鏡と、草薙剣をお遷し申し上げ、皇女・【ウ】にお祀りさせました。

問 92
【ア】に入る言葉として正しいものを選んでください。

1．鏡、剣　　2．鏡、玉
3．剣、玉　　4．矛、楯

問93

【イ】に入る言葉として正しいものを選んでください。

1. 中臣氏　　2. 斎部氏
3. 大伴氏　　4. 大和氏

問94

【ウ】に入る言葉として正しいものを選んでください。

1. 倭姫命　　2. 豊鍬入姫命
3. 宮簀媛　　4. 弟橘媛

➡『神話のおへそ『古語拾遺』編』59ページ「【崇神天皇の御代に】」、60ページ「【垂仁天皇の御代に】」、61ページ「【景行天皇の御代に】」、229ページ「【崇神天皇の御代に】」、230ページ「【垂仁天皇の御代に】」、231ページ「【景行天皇の御代に】」

問92　正解　1
問93　正解　2
問94　正解　2

以下の文章を読んで問 95 と問 96 の設問に答え
てください。

　令和 4 年 4 月 21 日、秋篠宮皇嗣・同妃両殿下
は伊勢神宮を参拝された。当初は、「立皇嗣の礼」
が行われた令和 2 年 11 月 8 日から、間を置かず
に参拝される予定だったが、コロナ禍のため延期に。
神宮の後には、<u>神武天皇山陵</u>と昭和天皇山陵を参拝
された。なお両殿下のご意向により、孝明天皇山陵
や明治天皇山陵、大正天皇山陵なども参拝された。

　令和元年 5 月 1 日、天皇陛下は践祚・即位された。
同日の「【ア】等承継の儀」から始まり、「即位礼正
殿の儀」や「大嘗祭」など多くが斎行されてきた「令
和の【イ】」は、令和 4 年 4 月 26 日をもって全
ての祭儀を終了したのである。

問 95
下線の神武天皇山陵のご陵名として正しいもの
を選んでください。

1. 後月輪東山陵（のちのつきのわのひがしの
   みささぎ）
2. 伏見桃山陵（ふしみももやまのみささぎ）
3. 畝傍山東北陵（うねびやまのうしとらのす
   みのみささぎ）
4. 山科陵（やましなのみささぎ）

問96
【ア】【イ】に入る言葉の組み合わせとして正しいものを選んでください。

1．ア、剣璽　イ、ご宝典
2．ア、剣璽　イ、ご大礼
3．ア、剣鏡　イ、ご宝典
4．ア、剣鏡　イ、ご大礼

➡『皇室』95号26ページ「神宮ご参拝」

問95　正解　3　　問96　正解　2

以下は、令和4年10月14日に執り行われた春日大社の若宮の立柱上棟祭の模様です。文章を読んで問97と問98の設問に答えてください。

　若宮のご本殿は、基壇上に巡らせた瑞垣内に西面して建つ。大宮の第三殿・【ア】と第四殿・比売神との間に誕生された御子神・【イ】を祀る若宮は、明治維新までは大宮と同格とされ、ご本殿は大宮と様式・規模とも同じ春日造である。

　立柱上棟祭にあたり、ご本殿の屋根には足場が組まれ、種々の祭器具が設えられている。前後の千木の外側に立てられた魔除けの【ウ】は、素木と白布でつくられている。棟木（むなぎ）の両端両側には計4本の五色絹の【エ】が立てられ、棟木の上にはお供えの沓形（くつがた）の餅やお神酒、木槌などが置かれている。

問 97

【ア】【イ】に入る言葉の組み合わせとして正しいものを選んでください。

1. ア、武甕槌命　　イ、天之葺根命
2. ア、天児屋根命　イ、天之葺根命
3. ア、武甕槌命　　イ、天押雲根命
4. ア、天児屋根命　イ、天押雲根命

問 98

【ウ】【エ】に入る言葉の組み合わせとして正しいものを選んでください。

1. ウ、弓矢　エ、御幣
2. ウ、弓矢　エ、四神旗
3. ウ、鉾立　エ、御幣
4. ウ、鉾立　エ、四神旗

➡『皇室』97 号 102 ページ「春日若宮式年造替正遷宮」

問 97　正解　4　　問 98　正解　1

問99
以下は、令和4年10月28に執り行われた春日若宮式年造替の本殿遷座祭の模様である。文章を読んで、【ア】【イ】に入る言葉の組み合わせとして正しいものを選んでください。

　四脚机の上に山海の幸を盛った高坏の数々が献じられると、正役（しょうやく）である宮司が神前に進んだ。紅白の紙垂を付した【ア】を手に散米の後、立ち上がって左、右、左と下がりながら【ア】を振った。【ア】は神職の手でご本殿に納められ、正役と神職とが相対して柏手を打つ【イ】の作法でこれを確認。その後、正役が祝詞を奏上した。

1．ア、玉串　イ、返拍手
2．ア、玉串　イ、返祝詞
3．ア、御幣　イ、返拍手
4．ア、御幣　イ、返祝詞

➡『皇室』97号102ページ「春日若宮式年造替正遷宮」の111ページ

正解　4

問 100

以下の文章を読んで【ア】【イ】に入る言葉の組み合わせとして正しいものを選んでください。

　かつて天皇の誕生日は「天長節」と呼ばれていた。【ア】初期より終戦直後まで、天長節は国家の祝祭日で、新年（1月1日）、紀元節（2月11日）、【イ】節（11月3日）とともに「四大節」のひとつとして盛大に奉祝された。

1. ア、大正　イ、大正
2. ア、大正　イ、明治
3. ア、明治　イ、大正
4. ア、明治　イ、明治

➡ 『皇室』98号6ページ「天皇陛下のお誕生日」

正解　4

第11回 神社検定 問題と解説

壱級

指定テキストから総合的に出題　全100問

令和5年6月25日に行われた

「第11回 神社検定」の1級試験は、

公式テキスト⑤『神社のいろは要語集　宗教編』から52問、

公式テキスト⑪ 神社のいろは特別編

『伊勢神宮と、遷宮の「かたち」』から31問

公式テキスト⑩『神話のおへそ『日本書紀』編』から11問

季刊誌『皇室』令和4年夏・95号から2問、

季刊誌『皇室』令和4年秋・96号から2問、

季刊誌『皇室』令和5年冬・97号から1問、

季刊誌『皇室』令和5年春・98号から1問

が出題されました。

（問題の中には出典が重複するものもあります）

※解説に示しているのは、公式テキストに掲載されている
　関連項目のページ数です。

以下の文章を読んで問１と問２の設問に答えてください。

　古典には「誓約」という方法も書かれているが、これらは占卜（せんぼく／うらない）の発生を語るものである。上古においては、その最も重要なものは太占であった。朝廷における卜定の神事は、もっぱら神祇官の【ア】によって行われたが、太占はそれに先立つ極めて古い神事の一つであったと考えられる。民間では、橋占（はしうら）、歌占、夢占などが手軽に行われ、中世以降盛んになる「みくじ」(神籤)もこの類である。これらの方法などについては、【イ】の『正卜考（せいぼくこう）』に詳しい。

問１
【ア】に入る言葉として正しいものを選んでください。

1．清原　　2．猿女
3．御巫　　4．卜部

問２
【イ】に入る言葉として正しいものを選んでください。

1．鹿持雅澄　　2．六人部是香
3．渡辺重石丸　　4．伴信友

➡️ 『神社のいろは要語集　宗教編』14 ページ「特殊な神道信仰」

問1　正解　4　　問2　正解　4

1
級

「両部神道の歴史的展開」に関する以下の文章を読んで問3から問9までの設問に答えてください。

　比較的早く組織的に発達した山王神道に次いで起こった真言宗系の両部神道の教理について、河野省三は『神道の研究』で、おおよそ次のように解説している。

「両部習合神道の両部というのは、真言密教の根本思想をなしている金剛界と胎蔵界の両部に基づく称である。金剛界というのは智性を表し（男性）、胎蔵界は理性を表すもの（女性）であって、これを両部二而不二の学説によって解説する。その教義に、【ア】【イ】を配して、【ア】は金剛界、【イ】は胎蔵界を表し、あるいは【ウ】は胎蔵界、【エ】は金剛界を表するものとして、神道の諸事実を説明するところに両部が成立したのである」

　鎌倉時代に入ると、こうした両部神道の教理的説明が流布していき、その思想をまとめた書物も現れた。その初期のものとされるのが、僧侶によってまとめられたと推測されている『中臣祓訓解』である。その後、『大和葛城宝山記』『耀天記』といった理論書が相次いで出ると、それを受けて両部神道が興隆していく。【オ】の著と仮託される『大日尊神中臣祓天津祝詞太祝詞（あまつのりとふとのりと）文伝』

『丹生太神宮之儀軌（にうだいじんぐうのぎき）』などの著述も影響が大きかった。

　室町時代に入ると、真言系統の両部神道は吉田家の唯一神道にも影響を及ぼした。吉田兼俱は、当時、勢力のある神道説として、「社伝神道（社例伝記神道・本迹縁起神道）」と「両部神道（両部習合神道）」をあげ、それに対して、自家の唯一神道、つまり元本宗源神道の正当性を主張した。江戸時代になると、比叡山の天海僧正が天台神道を復興した。

　江戸時代初期には、【キ】が編纂したという72巻から成る『旧事大成経』が世に出た。これは僧の釈潮音（ちょうおん）らによって作られた偽書だったが、この事件の背景には、儒家の林羅山が【ク】で仏教排撃を唱えていたことに対する反発があったと思われる。潮音は羅山批判の『扶桑護仏神論』をも著し、【ケ】の思想の立場から反論しているほか、その系統を引いた僧や神道家も現れて、両部神道的な思想を広めた。そのなかで、平易にかつ古典の精神によって両部神道を説いた慈雲の雲伝神道も、深い感化力に富んでいた。

問3
【ア】【イ】に入る言葉の組み合わせとして正しいものを選んでください。

1．ア、伊弉諾尊　イ、伊弉冉尊
2．ア、天照大神　イ、素戔嗚尊

3．ア、高皇産霊尊　イ、神皇産霊尊
4．ア、神漏岐命　イ、神漏美命

問4

【ウ】【エ】に入る言葉の組み合わせとして正しいものを選んでください。

1．ウ、内宮　エ、外宮
2．ウ、内宮　エ、高野山
3．ウ、神路山　エ、朝熊山（あさまやま）
4．ウ、神路山　エ、比叡山

問5

下線部の「鎌倉時代に入ると、こうした両部神道の教理的説明が流布していき」を説明する以下の記述のうち間違っているものを選んでください。

1．鎌倉時代初期、伊勢で発達した「伊勢神道」は、両部神道の不二一体の考え方はとっていなかった。
2．仏教側の理論（両部神道）によって、伊勢神道の理論も枠組みとしては、両部神道とほぼ同じような形でとらえられていった。

151

3. やがて一般に「両部神道」という場合は、「山王神道」「三輪流神道」「御流神道」といった諸流を中心に、神仏調和の諸道を概称するようになった。

4. 神儒仏三教調和の「太子流神道」も、「吉田神道」の一方面を伝えた賀茂祠官の神道説も、日蓮の思想に基づくとされる「法華神道」なども「両部神道」に含める場合がある。

問6
【オ】に入る言葉として正しいものを選んでください。

1. 最澄　　　　2. 空海
3. 菅原道真　　4. 嵯峨天皇

問7
【キ】に入る言葉として正しいものを選んでください。

1. 聖徳太子　　2. 蘇我馬子
3. 天智天皇　　4. 中臣鎌足

問8

【ク】に入る言葉として正しいものを選んでください。

1．神名帳考証　　2．麗気記
3．神道集　　　　4．本朝神社考

問9

【ケ】に入る言葉として正しいものを選んでください。

1．神儒道三教一致　　2．神儒仏三教一致
3．神仏一致　　　　　4．神儒一致

❖　解　説　❖

　問4の朝熊山は伊勢の鬼門を守る霊山として知られ、江戸時代には参詣者の多くが立ち寄ったところです。問5について、鎌倉時代初期、伊勢神道は両部神道の不二一体の考え方をとっていました。

➡『神社のいろは要語集　宗教編』23ページ「両部神道」

問3　正解　1　　　問4　正解　1
問5　正解　1　　　問6　正解　2
問7　正解　1　　　問8　正解　4
問9　正解　2

吉田兼倶のことについて書かれた以下の文章を読んで問10と問11の設問に答えてください。

　兼倶の行動には常識では判断できない破天荒なところがあった。その最たるものが、延徳（えんとく）密奏事件である。延徳元年（1489）、兼倶は皇大神宮の神器が吉田山の【ア】に降臨したと朝廷に密奏、神器をひそかに天覧に供した。神宮の宗教的権威を【ア】へ吸収しようと目論んでのことだったとされるが、これには公卿や神宮祠官からの大きな批判が起こり、その企み自体は達成できなかった。しかし、神宮の神が飛来したとして勧請する【イ】の信仰の流行もあり、【ア】の霊場としての地位は向上した。

問10
【ア】に入る言葉として最もふさわしいものを選んでください。

1．基壇　　2．神木
3．宗源所　　4．斎場所

問11
【イ】に入る言葉として最もふさわしいものを選んでください。

1．飛神明（とびしんめい）

2．請（うけ）神明

3．飛大神（とびおおかみ）

4．請大神

➡『神社のいろは要語集　宗教編』26 ページ「吉田兼倶」

問 10　正解　4　　問 11　正解　1

問 12

以下の文章はある国学者の主張ですが、誰のものでしょうか。

　この国学者にとって神道とは「世にすぐれたるまことの道」であり、「高御産巣日神の御霊によりて神祖（かむろぎ）伊邪那岐大神・伊邪那美大神の始めたまひて天照大御神の受たまひ、たもちたまひ、伝へ賜ふ道」であって、「必万（かならずよろず）の国々天地（あめつち）の間にあまねくゆきたらふべき道」であり、この道は生得の真心であって、学問によって知り得るようなものではないと考えた。

1．荷田春満　　2．本居宣長

3．平田篤胤　　4．橘守部

➡ 『神社のいろは要語集　宗教編』43ページ「国学の大成」。その他、37ページ「国学」、47ページ「荷田春満」、49ページ「賀茂真淵」、52ページ「本居宣長」、57ページ「平田篤胤」

正解　2

問13

以下は、国学者たちが、著書を通じ既成の思想状況を非難したことについて書かれています。【ア】【イ】【ウ】に入る言葉の組み合わせとして正しいものを選んでください。

　賀茂真淵が【ア】を著して、近世の思想情緒を非難し、すみやかに上代日本の本（もと）つ心（本来の心）に還れと結んだのに次いで、本居宣長は『直毘霊』『葛花』【イ】などを公にして、漢意（からごころ）の誤りや歪曲を痛烈に指摘し、儒者たちの道徳観や信仰態度を極端に排撃した。さらに平田篤胤が『出定笑語』『古道或問』【ウ】などを著して、仏臭（仏教的な理解）を厳しく非難した。

1．ア、本意考　イ、玉襷　　ウ、玉勝間
2．ア、本意考　イ、玉勝間　ウ、玉襷
3．ア、国意考　イ、玉襷　　ウ、玉勝間
4．ア、国意考　イ、玉勝間　ウ、玉襷

➡ 『神社のいろは要語集　宗教編』39 ページ「国学に対する非難と反省」

正解　4

問 14

国学が成立する以前において古史の研究で画期的な進歩をもたらした人とは誰でしょうか。木下順庵門下の朱子学者として『古史通』や『古史通或問』などを著しました。

1. 荻生徂徠　　2. 塙保己一
3. 伊藤仁斎　　4. 新井白石

❖　解　説　❖

　伊藤仁斎は江戸時代前期の儒者で、朱子学を批判し「論語」や「孟子」の原義にたちもどるよう主張して、「古義学派」の祖となりました。荻生徂徠は、朱子学や伊藤仁斎を批判し、古代の言語、制度文物の研究を重視する「古文辞学」を標榜しました。

➡ 『神社のいろは要語集　宗教編』40 ページ「国学成立以前の日本研究」。塙保己一については公式テキスト⑨『神話のおへそ『古語拾遺』編』119 ページ「『疑斎』と本居宣長」

正解　4

問 15

以下は国学の性格の一側面について記したもの
です。以下の記述のうち間違っているものを選
んでください。

1. 「神道」「国文」「国史」「国法（法制・経済）」
   は国学研究の四本柱ともいうべきもので
   ある。
2. 伝統を尊重し、自主性に立脚する限り、ほ
   かの諸学問の修得も認める広い視野に立っ
   ている。
3. とかく感情を抑圧しがちだった儒教・仏教
   と異なり、ありのままの感情の働きを積極
   的に肯定している。
4. 一子相伝や秘事口伝も、伝統を重んじる立
   場から継承された。

❖ 解 説 ❖

　国学は自由尊重という教育思想の立場から、一子
相伝や秘事口伝などといったこれまでの封建的教育
思想とは立場を異にしました。

➡『神社のいろは要語集　宗教編』45 ページ「国
学の性格」

正解　4

問 16
以下の文章は誰について書かれたものでしょうか。

この国学者が積極的に思い描いていた日本の古代像は、「春にしく時なく、さくらに益（まさ）る花なく、やまとにしく国なく、神にまさる道もあらぬものを云々」とする有名な「桜の詞」の詞章や、同じく末に付された「もろこしの人に見せばやみよし野のよしのゝやまの山さくら花」の一首に象徴されるように、歌人的感覚の所産というべきものに窺うことができる。しかしそれは、「とかくわれらは六百年以来のものゝ善悪にかゝはらず」というまでに、自らの生活を厳しく律し、歌魂の錬磨を繰り返した果てに手に入れた古代像にほかならない。

1．荷田春満　　2．賀茂真淵
3．本居宣長　　4．鹿持雅澄

➡『神社のいろは要語集　宗教編』51 ページ「漢文化に対する批判」
正解　2

1級

問 17

以下の文章は誰について書かれたものでしょうか。

　36 歳のとき、『古史成文』『古史徴』などの草稿を書き上げるが、このとき、この国学者は一種の神秘体験をしたと手紙に書いている。『古史成文』は、『古事記』『日本書紀』のさまざまな古伝承を統合して、統一ある「古史」に編作したもの。この『古史成文』の註釈書『古史伝』を完成することがライフワークとなった。また『古史徴』では、「古史」編作の史料となった書物を論証している。

1．本居宣長　　2．服部中庸
3．平田篤胤　　4．矢野玄道

➡ 『神社のいろは要語集　宗教編』57 ページ「平田篤胤」

正解　3

「修験道」について書かれた以下の文章を読んで問 18 と問 19 の設問に答えてください。

　各地の霊山の修験者は、大日如来や不動明王の他に、それぞれの山岳独自の崇拝対象を崇めていた。

とくに有名なのは、金剛【ア】とその眷属の大峰八大童子、熊野の熊野十二社権現とその眷属の熊野【イ】などで、いずれも権現とその護法神といえるものである。峰入修行をした修験者は、そうした権現と同化し、その眷属の護法神を自由に操作する能力を得たと信じられていた。

室町時代になると、【ウ】派、【エ】派が宗派として形成。【ウ】派では聖護院を本寺とし、各地の霊山などを拠点とした主要な先達が一定地域内の修験者を支配した。【エ】派では醍醐寺三法院を本寺とし、三十六正大先達がそれぞれの弟子を全国各地に所持する形がとられた。この他、東北の羽黒山、関東の日光、北陸の白山・立山、九州の彦山などでは、独自の修験集団が作られていた。そして鎌倉時代から戦国時代にかけて修験者は戦乱や政治にも大きな影響を及ぼした。

江戸時代になると、幕府はそれまで遊行（ゆぎょう）を旨としていた修験者を地域社会に定住させ、いずれかの宗派に所属させた。その結果、修験者は、村や町の祠堂を預かったり、地域の祭りや芸能にたずさわったり、呪術宗教的な活動をするなど、庶民の宗教生活に深く浸透していった。

近代に入ると、明治政府は修験道を廃止。【ウ】派は【オ】宗、【エ】派は【カ】宗に包摂させた。ただ制度的にはなくなったものの、【オ】・【カ】両宗、あるいは富士講を母胎とした教派神道の教団の中で修験道は実質的に継承され、そこから修験教団が相次いで独立して活動を続けている。

問 18

【ア】【イ】に入る言葉の組み合わせとして正しいものを選んでください。

1. ア、蔵王権現　イ、八十万王子
2. ア、蔵王権現　イ、九十九王子
3. ア、竜王権現　イ、八十万王子
4. ア、竜王権現　イ、九十九王子

問 19

【ウ】【エ】【オ】【カ】に入る言葉として正しいものを選んでください。

1. ウ、本山　エ、当山　オ、天台　カ、真言
2. ウ、本山　エ、当山　オ、真言　カ、天台
3. ウ、当山　エ、本山　オ、天台　カ、真言
4. ウ、当山　エ、本山　オ、真言　カ、天台

➡『神社のいろは要語集　宗教編』99 ページ「儀礼と思想」、98 ページ「本山・当山両派形成後の歴史」

問 18　正解　2　　問 19　正解　1

問20

以下は垂加神道門下のことについて書かれた文章です。【ア】【イ】【ウ】の組み合わせとして正しいものを選んでください。

　山崎闇斎門下の【ア】は、中国の8人の忠臣義士の行実を表彰した『靖献遺言（せいけんいげん）』を著している。正統の王朝に忠義を尽くし、王朝の敵対者には徹底的に抗した彼らの姿は、闇斎学統を継ぐ者の心意気であり、覚悟とするところであった。【ア】は楠木正成を尊敬・追慕し、その門人・【イ】は、自分の書屋を「望楠」と名づけ、「面々の法とすべきことぞ」（『望楠所聞』）として、楠公の行実をもって門下の陶冶の理想と掲げた。

【イ】の下で学んだ人物に【ウ】がいる。【ウ】も大義名分の立場から、もし君を怨むる心が出たならば、「只天神につかふると心得」、楠木正成を思い、「君を怨むる心起らば、天照大神の御名を唱ふべし」とする楠木正成の言葉を心に刻めと説いた。この【ウ】の情熱は当時の公卿の心を揺り動かし、賛同するものが多く出た。これにより、いわゆる宝暦事件（1758）が起こり、その後、【ウ】は流刑となり三宅島で病没した。

1．ア、竹内式部　イ、浅見絅斎　ウ、若林強斎
2．ア、浅見絅斎　イ、竹内式部　ウ、若林強斎

3．ア、浅見絅斎　イ、若林強斎　ウ、竹内式部
4．ア、若林強斎　イ、浅見絅斎　ウ、竹内式部

➡『神社のいろは要語集　宗教編』91 ページ「垂加神道の「君臣の道」

正解　3

問21
以下は明治 15 年（1882）に設立された皇典講究所の成立時の状況とその後の歴史について書かれたものですが、その記述のなかから間違っているものを選んでください。

1．明治時代となって、世をあげて新を競う情勢を恐れ、古典を講究し、祭祀古儀を研修する機関の設置が急務として設立された。

2．同所の設立後には、その拡張を図り、「國學院」とともに国法科（日本法律学校）の設立を決議。この国法科は後の日本大学となって発展することになった。

3．同所の神職養成事業は、結局、帝国議会で正式に認められることはなかった。

4．昭和 21 年、神社本庁が設立、皇典講究所の土地建物および基本財産は、新たに設立される財団法人國學院大學に譲渡の条件で神社本庁に引き継がれた。

同所の神職養成事業は、明治42年（1909）の帝国議会でも認められました。

➡『神社のいろは要語集　宗教編』118ページ「皇典講究所」

正解　3

以下は終戦から、いわゆる「神道指令」が発せられるまでの動きについて書かれたものです。文章を読んで問22から問24までの設問に答えてください。

　日本政府も「信教の自由」を強く求めてきているGHQの動向を睨みながら、神社制度の改変の構想を練っていた。【ア】は、神社は宗教として扱われるべきではなく国家・国民道徳の淵源をなすものという、これまでの原則を再確認し、思想信仰の自由を拘束する恐れのある事項を排除するという程度の措置で解決しようとしていた。一方、GHQと直接に交渉にあたる「終戦連絡事務局」は、神宮大麻の頒布や神社参拝の強要などの排除、国庫供進金・神饌幣帛料の廃止など具体的事項を列挙し、国家と神社の分離に関する厳しい方針を構想していた。また民間の神社関係団体（【イ】、【ウ】、神宮奉斎会）でも、政府とは個別に神社制度問題の研究を進めていたが、その骨子はGHQが国家と神社の決定的分離を強制してくることを予想した「終戦連絡事務局」の案に近いものであった。政府とGHQの交渉は昭和20年11月28日から始まり、前後3回にわ

たり折衝が続けられたが、【エ】神宮式年遷宮を一時停止することが政府によって公表された 12 月 14 日の翌日に、事前通知することなく本指令は発せられた。

問 22

【ア】に入る言葉として正しいものを選んでください。

1. 神祇官　　　　2. 教部省
3. 内務省神社局　4. 神祇院

問 23

【イ】【ウ】に入る言葉の組み合わせとして最もふさわしいものを選んでください。

1. イ、神道同志会　　ウ、神宮皇學館
2. イ、神道同志会　　ウ、皇典講究所
3. イ、大日本神祇会　ウ、神宮皇學館
4. イ、大日本神祇会　ウ、皇典講究所

問24

【エ】に入る言葉として正しいものを選んでください。

1. 第三十九回　　2. 第四十九回
3. 第五十九回　　4. 第六十九回

➡『神社のいろは要語集　宗教編』124 ページ「神道指令」

問22　正解　4

問23　正解　4

問24　正解　3

以下の「風土記」について書かれた文章を読んで問25 と問26 の設問に答えてください。

　現伝の「風土記」において神々の事蹟の記述が最も豊富なのは、『出雲国風土記』である。ことに注目すべきは、【ア】をはじめ出雲国を形成したとされる国作りに関する神々の事蹟であり、「記紀」ではまったくその事蹟を伝えていない【イ】の「国引き神話」は有名である。また、【ア】は、ここでは「所造天下（あめのしたつくらしし）大神」と称され、その地において確固たる信仰基盤を有していたことが知られる。

　次に【ウ】では、品太天皇（応神天皇）や大帯日

子命（景行天皇）に関する事蹟も多いが、それと並んで、この国第一の地方神である伊和（いわ）大神の事蹟が目につく。この神は「記紀」には見えず、いわば中央神話の神統譜には組み込まれることのなかった神である。さらに「風土記」には、完成され整った姿ではないものの、いわゆる神社の縁起譚と認められる伝承も含まれている。従来、「風土記」説話は地名説話の型にあることから、こうした神社縁起譚として見ることはさほどなされていないが、例えば【エ】所収の「夜刀の神」に関する伝承は、夜刀神社の縁起譚に間違いなく、蛇神に対する人間の意識の変化も、基本的には縁起譚全般を見通した視点からの再検討が必要であろう。

問25
【ア】【イ】に入る言葉の組み合わせとして正しいものを選んでください。

1．ア、大穴持命　　イ、八束水臣津野命
2．ア、須佐之男命　イ、阿遅須枳高日子命
3．ア、須佐之男命　イ、八束水臣津野命
4．ア、大穴持命　　イ、阿遅須枳高日子命

問26

【ウ】【エ】に入る言葉の組み合わせとして正しいものを選んでください。

1．ウ、豊後国風土記　エ、肥前国風土記
2．ウ、肥前国風土記　エ、豊後国風土記
3．ウ、播磨国風土記　エ、常陸国風土記
4．ウ、常陸国風土記　エ、播磨国風土記

1
級

❖ 解 説 ❖

　問25の阿遅須枳高日子命（あじすきたかひこのみこと）は『出雲国風土記』で、「天の下造らしし大神の御子」「大穴持命の御子」とされる神様です。『延喜式』巻八「出雲国造神賀詞」にも登場され、阿遅須伎高孫根命（あじすきたかひこねのみこと）と表記されています（『神話のおへそ『古語拾遺』編』185ページ参照）。「記紀」にも登場され、『古事記』では阿遅鉏高日子根神と表記されています（公式テキスト②『神話のおへそ』82ページ「さらなる求婚と正妻の嫉妬」参照）。

➡『神社のいろは要語集　宗教編』143ページ「風土記神話の概要」

問25　正解　1　　問26　正解　3

以下は『先代旧事本紀』について書かれたものです。文章を読んで問27と問28の設問に答えてください。

　内容上の特色として、記紀の天孫降臨の条では瓊瓊杵尊を中心に記されているのに対し、本書では皇孫【ア】の降臨伝承を記し、そのときの供奉三十二神などについて記していること、さらに、そのとき皇祖より授けられたのが「三種の神器」でなく、「天璽瑞宝（あめのしるしみずのたから）【イ】」であることを記し、その【イ】の神宝の霊力についても記している点があげられる。

問27
【ア】に入る言葉として正しいものを選んでください。

1．火火出見尊　　2．天忍穂耳尊
3．饒速日尊　　　4．瓊瓊杵尊

問28
【イ】に入る言葉として正しいものを選んでください。

1．三種　　2．十種　　3．八十種　　4．千種

➡ 『神社のいろは要語集　宗教編』150 ページ「先代旧事本紀」

問 27　正解　3　　　問 28　正解　2

以下は「律令格式」について書かれたものです。文章を読んで問 29 から問 33 までの設問に答えてください。

【ア】は国制の大綱を定め、【イ】は犯罪と刑罰を主に定めた制裁法である。【ウ】は時勢の必要に応じて制定する臨時法、「式」は律令と格を補って実地に施行するための細則である。そもそも「律令格式」とは、古代中国の隋唐の時代にその形式を完成させた独特の法体系をいい、わが国の律令格式は、隋唐の成文法の体系を受け入れたものである。しかし、神祇関係の規定には日本的色彩が濃厚に表れている。例えば『養老律』では【エ】という語で伊勢神宮を表し、【オ】の語で大嘗祭を示し、【エ】を破壊する者を遠流となし、破壊せんと謀議する者を徒（ず／懲役）1 年に処すとの規定がある。

　日本では律令格式の四者が同時に編纂されたことは一度もない。最初にできた格式は『【カ】格式』で、次が、『【キ】格式』、追って編纂されたのが『延喜格式』である。

　三代の格はいずれも現存しないが、格の原文については『類聚三代格』によって大部分が今に伝えられている。神祇関係の格はすべて巻一に収められ、宗教を含めて政治経済社会など、奈良・平安時代の

あらゆる方面の研究に欠かせない重要資料である。

　一方、三代の式では『延喜式』50巻がほぼ完全な形で残っている。その巻九・十「神名　上・下」は、官社として祈年祭奉幣にあずかる神社二八六一社を国郡別に一覧にしている。郡ごとに社名を記し、官幣・国幣の別、大社（【ク】社）・小社（【ケ】社）の別と座数、幣帛を受ける祭祀の種類（【コ】・月次・相嘗・新嘗の別）を明記している。

　『延喜式』の研究はおもに国学者といわれる人々の間で、「祝詞式」「神名式」、「諸陵寮式」などに関する個別研究が行われてきた。祝詞に関しては、賀茂真淵が『延喜式祝詞解』5巻を著し、のちに補訂して『祝詞考』3巻とした。この研究は本居宣長、平田篤胤に継承され、やがて篤胤の門人【サ】に至る。【サ】は先学の諸説を集成したうえに自説を展開して『延喜式祝詞講義』15巻を著し、師弟代々の祝詞研究の成果を結実させた。

問29
【ア】【イ】【ウ】に入る言葉の組み合わせとして正しいものを選んでください。

1. ア、律　イ、令、ウ、格
2. ア、令　イ、律　ウ、格
3. ア、格　イ、律、ウ、令
4. ア、令　イ、格　ウ、律

問30
【エ】【オ】に入る言葉の組み合わせとして正しいものを選んでください。

1. エ、貴社　オ、貴祀
2. エ、崇社　オ、崇祀
3. エ、大社　オ、大祀
4. エ、宮社　オ、宮祀

問31
【カ】【キ】に入る言葉の組み合わせとして正しいものを選んでください。

1. カ、弘仁　キ、貞観
2. カ、貞観　キ、弘仁
3. カ、延暦　キ、貞観
4. カ、貞観　キ、延暦

問 32

【ク】【ケ】【コ】に入る言葉の組み合わせとして正しいものを選んでください。

1. ク、案上　ケ、案下　コ、名神
2. ク、案下　ケ、案上　コ、名神
3. ク、案上　ケ、案下　コ、一宮
4. ク、案下　ケ、案上　コ、一宮

問 33

【サ】に入る言葉として正しいものを選んでください。

1. 平田銕胤　　2. 平田延胤
3. 鈴木重胤　　4. 六人部是香

➡ 『神社のいろは要語集　宗教編』152 ページ「律令格式」、153 ページ「律にみえる神祇関係の規定」、161 ページ「○巻第九・十（神名上・下）」、162 ページ「『延喜式』の研究史・研究書」

問 29　正解　2
問 30　正解　3
問 31　正解　1
問 32　正解　1
問 33　正解　3

以下は『延喜式』にある「践祚大嘗祭」の内容を記したものです。文章を読んで問34から問37の設問に答えてください。

　一世一代の践祚大嘗祭に関する細則を集めたもので、天皇が【ア】以前に即位のときはその年内に、【イ】以降即位のときは翌年大嘗祭を行う。まず、悠紀・主基国郡を卜定したのち、8月に臨時【ウ】があり、11月1日から散斎（あらいみ）に1か月入る。神饌は国毎6段の斎田から抜穂使が持ち帰り、京の斎場には大嘗宮が造られ、供神の品々が準備される。11月の中の卯の日の祭事は悠紀殿に天照大神・天神地祇諸神を祀り御共食の神事があり、終わって主基殿において同様の神事が行われ、それらのなかに語部（かたりべ）の古詞（ふること）奏上、神饌行立（ぎょうりゅう）・薦享（せんきょう／天皇が御膳をすすめる）のことがなされる。辰の日は豊楽院（ぶらくいん）において中臣の【エ】奏上・忌部の神璽之鏡剣奉上があり、次いで、悠紀【オ】・主基【オ】の前での饗宴の儀には、それぞれ国風（くにぶり／歌舞）が奏され、さらに巳の日には前日同様の饗宴があり、和舞（やまとまい）・風俗楽（ふぞくのがく）・田舞（たまい）などが奏される。

問 34

【ア】【イ】に入る言葉の組み合わせとして正しいものを選んでください。

1. ア、5月　イ、6月
2. ア、6月　イ、7月
3. ア、7月　イ、8月
4. ア、8月　イ、9月

問 35

【ウ】に入る言葉として正しいものを選んでください。

1. 御禊（ごけい）　　2. 大祓
3. 物忌　　　　　　　4. 大忌祭

問 36

【エ】に入る言葉として正しいものを選んでください。

1. 天都詔詞太（あまつのりとふと）祝詞
2. 出雲国造神賀詞
3. 天津奇護言（あまつくすしいわいごと）
4. 天神寿詞

問37

【オ】に入る言葉として正しいものを選んでください。

1. 標　　2. 帳　　3. 山　　4. 壇

❖　解　説　❖

　問36の天津祝詞太祝詞は、「大祓詞」をはじめ『延喜式』巻八「祝詞」などに見える語で、天津奇護言は「大殿祭」に見える語です。古来考察がなされてきた語句です。(公式テキスト⑥『日本の祭り』118ページ「大祓詞全文」の123ページ、公式テキスト⑦『神社のいろは要語集　祭祀編』243ページ「天都詔詞太祝詞」参照)。

➡ 『神社のいろは要語集　宗教編』160ページ「○第七(践祚大嘗祭)」

問34　正解　3

問35　正解　2

問36　正解　4

問37　正解　2

伊勢神道の「神道五部書」に関する問題です。文章を読んで問38から問41までの設問に答えてください。

「神道五部書」とは、①『天照坐伊勢二所皇太神宮御【ア】次第記』、②『伊勢二所皇太神御【ア】伝記』、③『豊受皇太神御【ア】本紀』、④『造伊勢二所太神宮【イ】本記』、⑤『倭姫命世記』の五部の書の総称である。ただし、これらの書物を一括して「神道五部書」と呼ぶようになったのは、江戸時代以後といわれる。中世においてはこのうちの「神宮三部書」と称されたものが最も尊い書として扱われた。「神道五部書」に盛り込まれた思想は、【ウ】祭神の神位高揚説だけではない。第一に、「人は乃ち天下の神物（みたまもの）なり」という言葉がみえる。これは人間すべて神から神性を賦与されているという意味であり、こうした主張はその後の神道思想史上ではほぼ一貫して唱えられていく。第二に、『倭姫命世記』にみえる「神垂祈禱、冥加正直」の語句も影響を与えている。とりわけ山崎闇斎が深く信奉したことは有名である。第三に、五部書に流れる国家と祭神の関係は、北畠親房の思想的営為と密接なつながりをもったことが指摘される。

問 38

【ア】【イ】に入る言葉の組み合わせとして正しいものを選んでください。

1. ア、鎮座　イ、柱基
2. ア、鎮座　イ、宝基
3. ア、勧請　イ、柱基
4. ア、勧請　イ、宝基

1級

問 39

文中にあるように、①②③④⑤「神道五部書」のうち、中世において「神宮三部書」と称されたものは上記のうちどれでしょうか。

1. ①②③　　2. ①③⑤
3. ①③④　　4. ②③④

問 40

【ウ】に入る言葉として最もふさわしいものを選んでください。

1. 内宮　　　2. 外宮
3. 内宮・外宮　4. 風日祈宮

問41

下線部の「北畠親房の思想的営為」に関連して、『神皇正統記』の内容について書かれた以下の文章の空欄【　】に入る言葉として最もふさわしいものを選んでください。

　本書の内容は、神代から後村上天皇に至る歴代天皇の事蹟を叙述し、皇統の由来と、神が基（もとい）を開き神明の守る国だと考える神国思想、および【　】の神道的解釈、天壌無窮の神勅論などを核心としている。

1．中臣祓　　2．延喜式祝詞
3．万葉集　　4．三種神器

➡『神社のいろは要語集　宗教編』163ページ「神道五部書」、165ページ「「神道五部書」の思想」、166ページ「神皇正統記」

問38　正解　2

問39　正解　1

問40　正解　2

問41　正解　4

問42

以下の文章を読んで【ア】【イ】【ウ】【エ】に入る言葉の組み合わせとして正しいものを選んでください。

　神話は一般に祭儀と結びついていることが多いが、記紀神話の素材となった神々の説話も、そうした祭儀と結びついていたと思われるものが少なくない。天照大神の岩隠れを語る天岩屋の神話が、宮廷の【ア】と関係があったと思われること、天孫降臨が古い【イ】の祭式と関係があったらしいこと、あるいは伊弉冉尊のかむさりの神話と【ウ】との関係、須佐之男命の神やらいと【エ】との関係など、多くの学者が指摘しているところである。

1. ア、鎮魂祭　イ、大嘗祭
   ウ、鎮火祭　エ、大祓
2. ア、相嘗祭　イ、大嘗祭
   ウ、鎮花祭　エ、大祓
3. ア、鎮魂祭　イ、月次祭
   ウ、鎮火祭　エ、道饗祭
4. ア、相嘗祭　イ、月次祭
   ウ、鎮花祭　エ、道饗祭

➡『神社のいろは要語集　宗教編』168 ページ「日本における「神話」の研究」

正解　1

問43

以下は『延喜式』の中に書かれている規定ですが、どの神社のことを指しているものでしょうか。

凡王臣以下は、輙（たやす）く大神に幣帛を供ずるを得ざれ。其の三后・皇太子若し応（まさ）に供ずべき有らば、臨時に奏聞せよ。

1. 神宮　　　　2. 賀茂社
3. 園韓神社　　4. 石清水八幡宮

➡『神社のいろは要語集　宗教編』181 ページ「天皇と大神、私幣禁断」

正解　1

以下は、本居宣長が『古事記伝』巻六で黄泉について書いている部分の引用です。文章を読んで問44と問45の設問に答えてください。

黄泉国は（中略）予母都志許売（よもつしこめ）また書紀に余母都比羅佐可（よもつひらさか）など、例多きに依て、予母都と訓みつ。（中略）

さて予美（よみ）は死人（しにびと）の往（ゆき）て居（おる）国なり。（中略）生返（いきかえる）をよみがへると云も、黄泉より返（かえる）なり。（中略）燭一火（ひとつびともして）とあれば暗処（くらきところ）と見え、また【ア】を知看（しろしめ）す月読命の読（よみ）てふ御名も通ひて聞ゆればなり。さて祝辞（のりと）に吾名妹能命（あがなせのみこと）波（は）上津国（うわつくに）乎（を）所知食（しろしめす）倍志（べし）、吾波（あは）下津国乎所知牟（しろさむと）申氏（まおして）とのたまひ、また、妣国根之堅洲国（ははのくにねのかたすくに）に欲罷（まからむ）と、須佐之男命の詔へる（中略）などを以見れば、下辺（したべ）に在る国なりけり。

問44

【ア】に入る言葉として正しいものを選んでください。

1. 夜之食国（よるのおすくに）
2. 夜之満（みつ）国
3. 夜之照（てる）国
4. 夜之結（むす）国

問 45

下線部の「しろしめす」や「しろさむ」に関連しての問題です。以下は、上代のある言葉について書かれたものですが、その言葉とは何でしょうか。

　上代の神威・神力に対する信仰の表現で、威力に富む神が特殊な由縁によって一定の地域や場所を占めるといった意味がある。この語は、上代の統治の用語である「しらす」「しろしめす」という語と関連して用いられ、とかく権力を行使して領有・支配を強行する豪族などの好ましからぬ政治を意味するものと解せられがちだが、古典での語法は、もっぱら神祇の特殊な威力に限って用いられる信仰表現のようで、人に関連した行政的な用語ではないと思われる。

1．うしひく　　2．うしはく
3．かみひく　　4．かみはく

➡『神社のいろは要語集　宗教編』220 ページ「予美国・黄泉・夜見国」、217 ページ「うしはく」

問 44　正解　1　　問 45　正解　2

問46

「恩頼」について書かれた以下の文章の【ア】【イ】に入る言葉の組み合わせとして正しいものを選んでください。

　神祇あるいは天皇の霊魂（みたま）の威力によって、守護的・増強的な恩恵が受けられるという信仰が日本に古代からあり、それを表現する思想である。「恩頼」や「皇霊之威」などの文字をあて、自然に辱（かたじけな）く思う感謝の気分を含んだ言葉として用いられる。神性の著しさ、厳烈さを示す【ア】（稜威）や【イ】カミに対して、その恩恵的・情誼的方面を示すタマチハフカミ（玉幸ふ神）という古語があるが、その観念と通じている。

1．ア、イツ　イ、チハヤブル
2．ア、イツ　イ、タマキハル
3．ア、レツ　イ、チハヤブル
4．ア、レツ　イ、タマキハル

➡ 『神社のいろは要語集　宗教編』235 ページ「神恩・恩頼」、258 ページ「タマキハル」

正解　1

大祓と大祓詞について書かれた以下の文章を読んで問47から問49までの設問に答えてください。

「延喜式」によると、6月・12月晦日の大祓の御贖（みあがもの）には金、銀塗【ア】が用いられていたが、これは天皇、中宮、東宮の形代（かたしろ）として材質を良くしたものである。

臨時に国の大祓を行うことは令制以前にも行われていたが、神祇官の行事として毎年恒例で行うことにしたのは『大宝令』の制定以後と見られている。「神祇令」によれば、その儀式において中臣氏が御祓麻（みはらえのぬさ）を上（たてまつ）り、百官男女を集めて祓詞（はらえのことば）を宣するに併せて、東西文部も【イ】を上り祓詞を奏することが定められていた。中臣氏の祓詞と東西文部の奏する祓詞（『延喜式』では【ウ】）は同じ趣旨のものであり、和漢の形式の違いというだけで二重に行われている。これは帰化人が陰陽道的な祓の儀礼をもたらすに及んでそれをも併用することになったためと思われる。

ところで、中世期において中臣祓は、『延喜式』所載の神祇官職員が使用したものと、伊勢神宮の祠官の間に流伝したものと、京都の吉田家に伝わったものと、それぞれ多少の字句を異にした三つの系統に属する諸本が多く伝写された。そして江戸時代には、註釈本や板本が盛行した。それと同時に、伊勢神宮の「修祓式」「一切成就祓」などや、吉田神道の【エ】や【オ】など多くの祓詞が使用され尊重された。

問 47

【ア】に入る言葉として正しいものを選んでください。

1. 竹節形（たけのふしかた）
2. 菅（すがの）根形
3. 人像
4. 大麻

問 48

【イ】【ウ】に入る言葉の組み合わせとして正しいものを選んでください。

1. イ、祓刀　ウ、怨
2. イ、祓串　ウ、呪
3. イ、祓刀　ウ、呪
4. イ、祓串　ウ、怨

問 49

【エ】【オ】に入る言葉の組み合わせとして正しいものを選んでください。

1. エ、六根清浄祓　オ、五行大祓
2. エ、三壇行事祓　オ、三種大祓
3. エ、六根清浄祓　オ、三種大祓
4. エ、三壇行事祓　オ、五行大祓

➡ 『神社のいろは要語集　宗教編』232 ページ「禊祓の歴史」

問 47　正解　3
問 48　正解　3
問 49　正解　3

問 50

言語の神秘性に対する上代の信仰を表す言葉として「言霊」がありますが、この言霊に関して以下の記述のうち間違っているものを選んでください。

1. 言葉に霊（みたま）が内在し、その言葉を発する人の行為として実現するという言霊信仰は、上代の祝詞や寿詞、歌謡を発展させ、呪文などの概念にも強い力を及ぼした。
2. 言霊の神として、興台産霊命、辞代主神、

太玉命をあてる学者もいる。

3. 「言霊のさきはふくに」や「言霊の佐(たす)くる国」で山上憶良や柿本人麻呂の『万葉集』の歌が有名である。

4. 言葉の性質やその作用を不思議に観ずるのは、日本だけのことではない。

❖ 解 説 ❖

太玉命ではなく天児屋命が言霊の神にあてられます。

➡『神社のいろは要語集 宗教編』243ページ「言霊」

正解 2

問51

以下は「善・悪」に対する宗教的な価値観について書かれたものです。文章を読んで【ア】【イ】【ウ】【エ】に入る言葉として正しいものを選んでください。

　原初的な善悪=「よし」「あし」観念の深化・展開は、「天武天皇紀」に位階の名称としての「【ア】【イ】【ウ】【エ】勤(ごん)務(む)追(つい)進(しん)」(冠位四十八階)や『続日本紀』の宣命など、神道的倫理観のなかに、その方向が顕著に示される。

　それは、文武天皇即位宣命にみられる「【ア】き【イ】き【エ】き誠の心」に続いて、以後の

宣命に「【ア】【イ】心」・「清【エ】心」・「【ウ】【エ】之心」という語が常套的に用いられることからも分かる。これは「記紀」の心清明・赤心から発展した語であり、黒心・濁心の対極に位置する。この観念は中世神道以降さまざまに展開し、とくに伊勢神道でその深まりをみせる。

1．ア、明　イ、浄　ウ、正　エ、直
2．ア、清　イ、浄　ウ、正　エ、直
3．ア、清　イ、明　ウ、正　エ、潔
4．ア、明　イ、浄　ウ、剛　エ、直

➡ 『神社のいろは要語集　宗教編』248 ページ「善悪観念の発展」

正解　1

問 52

明治政府により編纂が始められた一種の百科事典で、明治時代の国学者たちの一大事業だったものとは何でしょうか。天部、神祇部、帝王部など 30 部門からなり、全 1000 巻に及ぶものでした。

1．古事類苑　　　2．類聚国史
3．国史大辞典　　4．国史大系

❖ 解 説 ❖

『類聚国史』は、宇多天皇の命を受けて菅原道真が編集し、編年体の「六国史」の記事を神祇・帝王・歳時・音楽など内容によって分類したものです。『国史大系』は古代から近世に至る重要な史籍を集成して刊行された叢書です。明治時代の代表的な啓蒙史家・田口卯吉が編纂し、その弟子である黒板勝美が中心となって、さらに文献を追加し、全面的に新訂増補を施して昭和39年（1964）に完成しました。

➡ 『神社のいろは要語集　宗教編』257ページ「魂の痺れ」

正解　1

問53から問83までは「遷宮」および「神宮」「第62回神宮式年遷宮」に関する問題です。

以下の文章を読んで問53から問55の設問に答えてください。

　神宮の式年遷宮は第40代天武天皇の宿願により、第41代持統天皇の4年（【ア】）に第1回の遷宮が斎行されました。【イ】には以下のような規定も載せられています。

「およそ諸国の神社は破るるにしたがいて修理せよ。ただし【ウ】、下総国の香取、常陸国の鹿嶋などの神社の正殿は、二十年に一度改め造り、その料は便（たより）に神税を用いよ。もし神税なくば、すなわち正税をあてよ」

問 53

【ア】に入る言葉として正しいものを選んでください。

1. 490年　　2. 590年
3. 690年　　4. 790年

問 54

【イ】に入る言葉として正しいものを選んでください。

1. 太神宮諸雑事記　　2. 延暦儀式帳
3. 神祇令　　　　　　4. 延喜式

問 55

【ウ】に入る言葉として正しいものを選んでください。

1. 摂津国の住吉　　2. 山城国の賀茂
3. 大和国の春日　　4. 尾張国の熱田

➡『伊勢神宮と、遷宮の「かたち」』4ページ「はじめに　遷宮の概要」

問 53　正解 3　　　問 54　正解　4

問 55　正解 1

問56

以下の文章を読んで空欄【 】に入る言葉として正しいものを選んでください。

　第十代崇神天皇の御代。天照大神の御神体は皇女の豊鍬入姫命に託され、倭笠縫邑（やまとかさぬいのむら）に祀られました。現在の奈良県桜井市、日本最古の道といわれる「山辺の道」近くには、崇神天皇の皇居・磯城瑞籬宮（しきのみずがきのみや）跡や、笠縫邑跡とされる【 】があります。

1．狭井神社　　2．高鴨神社
3．葛城神社　　4．檜原神社

➡『伊勢神宮と、遷宮の「かたち」』91 ページ「大和から伊勢へ——遙かなる神宮の創祀」

正解　4

問57

「日別朝夕大御饌祭」について書かれた以下の文章を読んで空欄【 】に入る言葉として正しいものを選んでください。

春夏は午前8時と午後4時、秋冬は午前9時
と午後3時に、忌火屋殿前庭でお清めの後、神
饌を納めた辛櫃が【　】の御正宮内の御饌殿へ
と運ばれます。
　1．内宮　　　　　2．外宮
　3．内宮と外宮　　4．倭姫宮

➡『伊勢神宮と、遷宮の「かたち」』102ページ「神々
にお食事を差し上げる日別朝夕大御饌祭」
正解2

神嘗祭に関する以下の文章を読んで問58と問59
の設問に答えてください。
　神嘗祭は、10月15日午後5時の【ア】祭から
始まる。皇大神宮の板垣内、西北の隅に坐す土地の
守り神である【ア】に、神嘗祭に奉仕する神職一同
が真心をこめて祭典に仕えることを祈るのだ。【ア】
祭に続いては、皇大神宮で【イ】の儀が行われる。
これは、神嘗祭の奉仕員全員が祭典に奉仕してよい
かどうかを神慮にはかる行事である。祝詞の奏上の
後、【イ】が始まった。まず、祭主をはじめ一人ひ
とりの職名と名が読み上げられる。すると、所役の
者が「口嘯（うそぶき）」といって息を吸い込んで
ヒュッと口笛を鳴らし、権禰宜が「琴板（こといた）」
という木の板を笏でコツンと打つ。古代の占いの一
種で、神慮にかなったしるしである。

問58

【ア】に入る言葉として最もふさわしいものを
選んでください。

1．御伴神　　2．興玉神
3．相殿神　　4．瀧祭神

問59

【イ】に入る言葉として最もふさわしいものを
選んでください。

1．御籤　　2．御慮
3．御琴　　4．御卜

➡『伊勢神宮と遷宮の「かたち」』100 ページ「一
年の頂点の祭り、神嘗祭」

問58　正解　2　　問59　正解　4

神宮式年遷宮に関する以下の文章を読んで問60
と問61 設問に答えてください。

【ア】は御正殿の御床下に奉建される特別な柱で、
忌柱、天ノ御柱、天ノ御量（みはかり）の柱とも
呼ばれます。その奉建は、遷宮諸祭のなかでもひ
ときわ重んじられてきた秘儀です。祭典は午後8
時に始まり、御正殿に参拝した神職が新宮の御床

下に進んで穴を穿ち、内宮では【イ】、外宮では【ウ】に奉安されていた御柱を建て奉ります。大宮司がこれを点検し、続いて神職が忌物（いみもの）と神饌を奉奠し、禰宜が大宮地（おおみやどころ）の四至（みやのめぐり）に坐（ま）す神々に祝詞を奏上。権禰宜らが御柱の根元を固めて祭儀は終了します。

問60

【ア】に入る言葉として最もふさわしいものを選んでください。

1．棟持柱　　2．宇豆柱
3．高天柱　　4．心御柱

問61

【イ】【ウ】に入る言葉の組み合わせとして正しいものを選んでください。

1．イ、御稲御倉　ウ、外幣殿
2．イ、御稲御倉　ウ、御饌殿
3．イ、御贄調舎　ウ、外幣殿
4．イ、御贄調舎　ウ、御饌殿

❖ 解 説 ❖

　問60の宇豆柱（うづばしら）は、出雲大社の御本殿の前面と背面の中央に立つ二本の棟持柱です（公式テキスト④『遷宮のつぼ』243ページ「出雲大社御本殿の構造」参照）。古くからそう呼ばれてきたもので、平成12年には境内からその巨大な遺構が発見されました。

➡『伊勢神宮と、遷宮の「かたち」』171ページ「心御柱奉建──平成二十五年九月」

問60　正解　4　　問61　正解　1

「杵築祭」に関する以下の文章を読んで問62から問65までの設問に答えてください。

　内宮の遷御の時まであと4日、平成25年9月28日に、内宮の杵築祭は執り行われた。

　杵築祭は新殿の竣功を祝して、その御柱の根元をつき固める祭儀だ。室寿（むろほぎ）の古俗として由緒も古く、禰宜・内人（神職）たちが、大宮地（おおみやどころ）を築きならし<u>詠い舞う</u>のである。

　午前9時、神楽殿隣の【ア】には、既に檜葉（ひば）机と素木机が並べられていた。それぞれに鯛や蛸（たこ）など古から決められた見事な調理品が並べられている。これからまず大宮司以下の神職と技術総監以下の神宮式年造営庁職員が古式饗膳を行い、無事の竣功を祝うのだ。この<u>饗膳の儀</u>は神宮式年遷宮諸祭の折々の節目で行われてき

た。かつての饗膳の儀は、都の朝廷から派遣された【イ】を神宮がもてなしたものだ。式年遷宮の諸準備を進める【イ】は、明治以降は内務省に造神宮使庁が設置され、これを担った。戦後は神宮内に神宮式年造営庁が設置され、神宮職員がその任にあたっている。饗膳の儀はその本義を今に伝えるものだ。

問62

下線部の「詠い舞う」に関して、実際には何が舞われるのでしょうか。

1．人長舞　　2．五節舞
3．倭舞　　　4．浦安舞

問63

【ア】に入る言葉として正しいものを選んでください。

1．斎館　　　2．五丈殿
3．九丈殿　　4．神楽殿

問64

下線部の「饗膳の儀」に関して行われる古からの正式な酒宴の作法とは何でしょうか。

1．三々九度　　2．三献勧杯（けんぱい）
3．式三献　　　4．椀飯（おうばん）

問65

【イ】に入る言葉として正しいものを選んでください。

1．遷宮使　　2．役夫工米使
3．御厨使　　4．造宮使

❖ 解 説 ❖

　問62の五節舞と倭舞は、大嘗祭などで舞われるもので、古代からの歴史を持つものです。浦安舞は昭和天皇の御製を歌詞として、昭和15年（1940）の皇紀二千六百年祝典の際に作られた神楽舞です。

➡『伊勢神宮と、遷宮の「かたち」』172ページ「杵築祭（こつきさい）——平成二十五年九月」

問62　正解3
問63　正解2
問64　正解2
問65　正解4

以下の文章を読んで問 66 から問 69 までの設問に答えてください。

　内宮の遷御を翌日に控えた 10 月 1 日の朝 8 時から行われたのが後鎮祭である。これは新殿の竣功に感謝を捧げ、その御床下に天平瓮（あめのひらか）と呼ばれる【ア】を奉居する祭儀だ。平成 20 年に行われた鎮地祭に対する返しの鎮（しず）めとしての祭りである。

　禰宜以下神職 7 名が斎服を身に着け、五十鈴川ほとりの瀧祭神の南にある【イ】に参進してきた。そのなかに、翡翠色と紫の「袙（あこめ）」という装束と紫色の袴を着けた「物忌（ものいみ）」といわれる【ウ】の姿もあり、檜扇を手にして威儀を正している。【イ】には既に、神饌と「忌物」（鎮め物）が入れられた大小二つの辛櫃と、竹で出来た伏籠（ふせご）に入れられた、つがいの【エ】が置かれている。『延喜式』にも遷宮諸祭で供えることが記されており、鎮地祭でも奉奠された。【ウ】も鎮地祭で奉仕している。

　辛櫃の横では、【オ】がなびき、その前に修祓のための案が置かれている。修祓が終わると、辛櫃と【エ】は新殿へと運ばれ、神職と物忌は五丈殿前へと参進し列立した。

　その後、参進してきた大宮司・少宮司以下 20 数名の神職が合流して整列後、御正宮へと参進していった。次第によると、その後、新正殿御前に神饌などを供え、祝詞を奏上して忌物を奉埋。続いて、御床下に天平瓮を安置して、禰宜がこれを

検知し祭儀は終了した。

問66
【ア】に入る言葉として正しいものを選んで
ください。

1．和妙　　2．勾玉
3．人形　　4．土器

問67
【イ】に入る言葉として正しいものを選んで
ください。

1．川原祓所　　2．瀧祭祓所
3．鎮祓所　　　4．三ツ石祓所

問68
【ウ】【エ】に入る言葉の組み合わせとして正
しいものを選んでください。

1．ウ、童女　エ、白鶏
2．ウ、小工　エ、白鶏
3．ウ、童女　エ、鮑
4．ウ、小工　エ、鮑

問69

【オ】に入る言葉の組み合わせとして正しい
ものを選んでください。

1. 御幣　　　2. 四神旗
3. 太玉串　　4. 五色の幣

➡『伊勢神宮と、遷宮の「かたち」』175ページ「後
鎮祭（ごちんさい）──平成二十五年十月」、144
ページ「鎮地祭（ちんちさい）──平成二十年四
月」、123ページ「山口祭（やまぐちさい）──平
成十七年五月」

問66　正解　4　　問67　正解　1
問68　正解　1　　問69　正解　4

以下は第62回神宮式年遷宮において、平成25
年10月1日、後鎮祭の後、午前10時から執
り行われた御装束神寳讀合の模様です。文章を読
んで問70から問73の設問に答えてください。

　御装束神寳讀合は、新たに調進された御装束
神宝を新宮の四丈殿において式目に照らし合わせ
て読み合わせる儀式だ。御装束神宝は、【ア】の
規定にのっとり、古式どおりに調製されることが
求められ、とりわけ近代では、当代最高の技量を
もつ各々の分野の美術工芸家が調製にあたって
きた。

平成25年8月19日には、その代表と式目を、天皇陛下はじめ皇族方に皇居・宮殿でご覧いただいている。このように天覧に供したのちに新宮に奉献するという古儀は、今なお堅持されている。

　この祭儀から祭主はじめ神職の装束が替わる。神職は通常は【イ】の【ウ】に【エ】の冠、【オ】であるのに対し、大宮司・少宮司は【カ】、禰宜は【キ】、権禰宜5名は【ク】、権禰宜・宮掌・宮掌補・楽長・楽師は【ケ】、臨時出仕は白雑式（しろぞうしき）に赤単（あかたん）、平礼烏帽子（へいらいえぼし）、白くくり袴となって、臨時出仕の裾取（きょとり）は松葉色雑色に赤単、平礼烏帽子、松葉色くくり袴である。いずれも古式にのっとった端麗な装束だ。それぞれ奉仕者は新調の遷御奉仕服に威儀を正して居並ぶことになる。

　午前9時50分、第三鼓が鳴り響いた。すぐに黒袍を身に着けた【コ】を先頭に造営庁職員の列が斎館を出て参進していく。【コ】とはこの祭儀のために天皇陛下が差遣された使いのことである。

問70
【ア】に入る言葉として正しいものを選んでください。

1. 太神宮諸雑事記　　2. 延暦儀式帳
3. 神祇令　　　　　　4. 延喜式

問 71

【イ】【ウ】【エ】【オ】に入る言葉の組み合わせとして最もふさわしいものを選んでください。

1. イ、黄丹　　ウ、斎服
   　エ、赤　　　オ、浅沓
2. イ、黄丹　　ウ、礼服
   　エ、黒　　　オ、深沓
3. イ、純白　　ウ、礼服
   　エ、赤　　　オ、深沓
4. イ、純白　　ウ、斎服
   　エ、黒　　　オ、浅沓

問 72

【カ】【キ】【ク】【ケ】に入る言葉の組み合わせとして最もふさわしいものを選んでください。

1. カ、束帯赤袍　　キ、束帯黒袍
   　ク、束帯緑袍　　ケ、赤袍衣冠

2．カ、束帯黒袍　　キ、束帯赤袍
　　ク、束帯緑袍　　ケ、緑袍衣冠

3．カ、束帯赤袍　　キ、束帯黒袍
　　ク、束帯赤袍　　ケ、赤袍衣冠

4．カ、束帯黒袍　　キ、束帯赤袍
　　ク、束帯赤袍　　ケ、緑袍衣冠

問73
【コ】に入る言葉として正しいものを選んで
ください。

1．装束使　　2．神宝使
3．読合使　　4．造宮使

➡『伊勢神宮と、遷宮の「かたち」』177 ページ「御
装束神宝読合（おんしょうぞくしんぽうとくごう）
──平成二十五年十月」

問70　正解　2
問71　正解　4
問72　正解　2
問73　正解　2

以下は平成25年10月2日に執り行われた内宮の遷御の模様です。文章を読んで問74から問78までの設問に答えてください。

　午後7時55分、庭燎も消された静かなる闇の中で、所役の宮掌が瑞垣御門下の西方で東面し、鶏鳴を三声（さんせい）、大きくゆっくり唱える。「カケコー」「カケコー」「カケコー」。

　これは天照大御神が天石屋戸にお隠れになったとき、八百万の神たちが【ア】を集めた故事に倣うものだ。続いて、勅使が御階（ぎょかい）の前に進み、出御を申し上げ、いよいよその時となった。午後8時、御正殿内の大宮司・少宮司と禰宜が、御神体を奉戴して絹垣の中へ入り、行障で正面を塞いで出御。警蹕と笛、篳篥、和琴に合わせた楽長・楽師の神楽歌とともに、渡御が始まったのだ。

　この御神体の出御と同刻の8時に、皇居では天皇陛下が「遙拝の儀」を行われた。第52代嵯峨天皇のときに制定され、天皇しか身に着けることができない【イ】をお召しになった天皇陛下は【ウ】を奉持した侍従を従えて出御。【エ】前庭（南庭）に特別に設けられた御座に進まれ、【オ】という最も丁重な作法で、遷御の儀を遙拝されたという。【オ】とは、【カ】から始まり、今に伝わる神宮の遙拝作法だ。天皇陛下は、毎年10月17日のお祭りのとき、【エ】の浜床に設けられた御座で神宮を遙拝されるが、遷宮の際は特に、庭上に春夏秋冬の景色が描かれた屏風をめぐらせて御座を設けられ、そこで遙拝されるという。

問 74

【ア】に入る言葉として最もふさわしいもの
を選んでください。

1. 常世の長鳴鳥　　2. 天の長鳴鳥
3. 浄闇の長鳴鳥　　4. 幽世の長鳴鳥

問 75

【イ】に入る言葉として正しいものを選んで
ください。

1. 御祭服　　2. 黄櫨染御袍
3. 帛御袍　　4. 御直衣

問 76

【ウ】に入る言葉として正しいものを選んで
ください。

1. 御剣　　2. 宝剣
3. 剣鏡　　4. 剣璽

問 77

【エ】に入る言葉として最もふさわしいもの
を選んでください。

1. 賢所　　　2. 神殿
3. 皇霊殿　　4. 神嘉殿

問 78

【オ】【カ】に入る言葉の組み合わせとして最
もふさわしいものを選んでください。

1. オ、庭上下御　　カ、第60代醍醐天皇
2. オ、浜上下御　　カ、第66代一条天皇
3. オ、庭上下御　　カ、第66代一条天皇
4. オ、浜上下御　　カ、第60代醍醐天皇

➡『伊勢神宮と、遷宮の「かたち」』184 ページ「遷
御（せんぎょ）——平成二十五年十月」

問 74　正解　1
問 75　正解　2
問 76　正解　4
問 77　正解　4
問 78　正解　1

出雲大社では平成25年5月10日に本殿遷座祭が執り行われました。以下の文書を読んで問79と問80の設問に答えてください。

　遷座祭を翌日に控えた9日の午前11時からは御本殿で【ア】が執り行われた。これは宮殿に災いのないことを祈る儀式であり、大嘗祭や天皇親祭の毎年の新嘗祭・【イ】の前後、皇居の遷移の際など古代より宮中祭祀の一つとして行われてきた。【イ】とは、中世まで行われていた宮中祭祀の一つで、【ウ】の夜に神嘉殿に天照大御神を迎えてともに食する神事である。出雲大社における【ア】の起源についての詳細は不明だが、前回の昭和28年のご遷宮の際にも本殿遷座祭に先立ち、同日にこの祭典が斎行されている。

問79
【ア】に入る言葉として正しいものを選んでください。

1．清祓
2．奉磨
3．大殿祭
4．御門祭

問80
【イ】【ウ】に入る言葉の組み合わせとして正しいものを選んでください。

1．イ、豊明節会　ウ、祈年祭
2．イ、神今食　　ウ、月次祭
3．イ、豊明節会　ウ、月次祭
4．イ、神今食　　ウ、祈年祭

➡『伊勢神宮と、遷宮の「かたち」』226ページ「清祓式と大殿祭」（参考：『神話のおへそ『古語拾遺』編』56ページ「大殿祭・御門祭と大嘗祭」、220ページ「「即位」「造宮」「大嘗祭」の一体性」）
問79　正解　3　　問80　正解　2

以下の文章を読んで問81から問83までの設問に答えてください。
　遷宮には、ご本殿を新しくすることがともないます。これはご祭神がその神社に鎮座され、初めてお祀りされた「始原」のときと「祖型」を再現するという意義が込められているとも理解できます。こういった精神を神道的に表しているものに、【ア】という言葉があります（『倭姫命世記』にみ

えます）。

　そして、遷宮のたびに遷座祭が執り行われて、神威の高まりが積み重ねられていきます。1年というスパンのなかにも、これと同じことがいえます。【イ】は、年ごとに、その神社で神様を初めてお祀りした始原のときを再現し、神威の新たな高まりを願って「みたまのふゆ」をいただきます。神宮式年遷宮が20年に一度の【ウ】と呼ばれるのもそういう意味からです。つまり、遷宮と遷宮との間の大きなスパイラルと、1年というスパイラルとが循環・重層構造になっているのです。

　このように遷宮とは、神社創建の原点に立ち返り、神威の一層の高まりを願い、地域全体がさらに力をあわせて社会を築いていく力を与えるものにほかなりません。また、その構造は恒例の神社のお祭りにもあてはまり、絶えず繰り返しながら祈られ、そして発展していくものなのです。

問81
【ア】に入る言葉として正しいものを選んでください。

1. 中今　　2. 稽古照今
3. 元元本本　　4. 直日

問82

【イ】に入る言葉として正しいものを選んで
ください。

1．例祭　　2．紀元祭
3．元始祭　4．歳旦祭

問83

【ウ】に入る言葉として正しいものを選んで
ください。

1．大月次祭　　2．大祈年祭
3．大神嘗祭　　4．大新嘗祭

➡『伊勢神宮と、遷宮の「かたち」』308ページ「お
わりに　遷宮のこころ」

問81　正解　3
問82　正解　1
問83　正解　3

問 84 から問 94 までは『日本書紀』に関する問題です。

以下の文章を読んで問 84 と問 85 の設問に答えてください。

『日本書紀』は、神代（かみのよ、かみよ、じんだい）から【ア】までの時代を収めた歴史書です。『古事記』に比べると難解な印象があるかもしれません。両書の巻数だけを比べてみても、『古事記』が全 3 巻に対して『日本書紀』は全【イ】ですから、情報量が圧倒的に違います。『古事記』に見られない伝承も多く含まれていますから、我が国の神代の伝承、古代日本の歩みを、祖先たちがどのように語ってきたのかを知るには、『日本書紀』は必読の書です。

『日本書紀』は国家的事業として公式に編纂された歴史書、つまり「正史」に位置付けられます。その後、『日本書紀』に続き、平安時代半ばまでに【ウ】『日本後紀』『続日本後紀』【エ】『日本三代実録』が編纂され、あわせて「六国史」と称されますが、『日本書紀』はその筆頭の書として、権威を保ち続けました。

問 84

【ア】【イ】に入る言葉の組み合わせとして正しいものを選んでください。

1. ア、第 40 代・天武天皇　イ、30 巻
2. ア、第四 40・天武天皇　イ、100 巻
3. ア、第 41 代・持統天皇　イ、30 巻
4. ア、第 41 代・持統天皇　イ、100 巻

問 85

【ウ】【エ】に入る言葉の組み合わせとして正しいものを選んでください。

1. ウ、『続日本紀』　エ、『日本清和天皇実録』
2. ウ、『続日本紀』　エ、『日本文徳天皇実録』
3. ウ、『後日本紀』　エ、『日本清和天皇実録』
4. ウ、『後日本紀』　エ、『日本文徳天皇実録』

➡ 『神話のおへそ 『日本書紀』編』26 ページ「国家事業として公式に編纂された歴史書」

問 84　正解　3　　問 85　正解　2

問 86

以下の文章を読んで【ア】【イ】【ウ】に入る
言葉の組み合わせとして正しいものを選んで
ください。

『日本書紀』の巻一は神代上、巻二は神代下
にあてられていて、通常この両巻を「神代巻
（じんだいかん、かみよのまき、かみのよの
まき）」と呼んでいます。この部分は全部で
11段に分かれていますが、1〜3段を一つ
にまとめ、計9章とし、それぞれに名称を付
けることが長く行われてきました。この考え
方は、【ア】『神代巻口訣』や一条兼良『日本
書紀纂疏』あたりから始まり、江戸時代の谷
川士清の『日本書紀通証』や【イ】の『日本
書紀伝』などによって定着し、明治以降も【ウ】
の『日本書紀通釈』や『国史大系』本でも採
用されています。

1．ア、忌部正通
　　イ、鈴木重胤
　　ウ、飯田武郷
2．ア、鈴木重胤
　　イ、忌部正通
　　ウ、飯田武郷
3．ア、忌部正通
　　イ、飯田武郷
　　ウ、鈴木重胤

4．ア、鈴木重胤
　　　　イ、飯田武郷
　　　　ウ、忌部正通

➡『神話のおへそ 『日本書紀』編』40 ページ「神道古典としての『日本書紀』」

正解　1

問87

「天孫降臨章」第二の一書に関する問題です。以下の文章の空欄【　】に入る言葉として正しいものを選んでください。

　天つ神は、経津主神と武甕槌神とを遣わして葦原中国を平定させられました。二神は「天に悪しき神がいて、名を天津甕星（あまつみかほし）、またの名を天香香背男（あめのかかせお）といいます。まずこの神を征伐してから、葦原中国に降ります」と申し上げました。このとき、斎主（さいしゅ）として祭りをされた神を斎之大人（いわいのうし）と申し、この神は今、東国の【　】の地にいらっしゃいます。

1．鹽竈（しおがま）
2．笠狹（かささ）
3．檝取（かとり）
4．大洗（おおあらい）

➡『神話のおへそ『日本書紀』編』149 ページ「【一書（第二）】」

正解3

神武天皇紀の内容の一部が書かれた以下の文章を読んで問 88 と問 89 の設問に答えてください。

　神日本磐余彦尊は大和盆地へと向かいますが、前途には敵が充満していました。すると尊の夢に天つ神のお告げがありました。尊はそれに従い、椎根津彦などの活躍によって採取した【ア】の土で天平瓮（あまつひらか）と厳瓮（いつへ）とを作り、【イ】の川上（かわかみ）にて天神地祇を祭ったところ、勝利のしるしが得られたので、【ウ】を自ら「顕斎（うつしいわい）」（神霊を身体に憑かせて祭ることといわれる）したのでした。そして、八十梟帥（やそたける）、兄磯城（えしき）などの強敵を次々と破ってゆきます。

問 88

【ア】【イ】に入る言葉の組み合わせとして正しいものを選んでください。

1. ア、天香山　イ、大和
2. ア、天香山　イ、丹生
3. ア、鳥見山　イ、大和
4. ア、鳥見山　イ、丹生

問 89

【ウ】に入る言葉として正しいものを選んでください。

1. 高皇産霊尊　　2. 神皇産霊尊
3. 国常立尊　　　4. 天照大神

➡ 『神話のおへそ『日本書紀』編』207 ページ「日神の子孫として」、221 ページ「行く道よ、自ずから開け！」

問 88　正解　2　　　問 89　正解　1

問90

神武天皇紀に関する問題です。以下の文章の空欄【　】に入る言葉として正しいものを選んでください。

　大和での戦いの中では歌謡も載せられています。その多くは「撃（う）ちてし止（や）まむ」（敵を倒すまで手を休めない）という言葉で結ばれていて、戦いの状況がさまざまな比喩によって描写されています。これらの歌は、軍事氏族として大和朝廷に仕えた【　】氏によって受け継がれ、これに舞をつけた「【　】舞」は天皇即位の大嘗祭で奏されました。

1．国栖　　2．佐伯
3．物部　　4．久米

➡『神話のおへそ『日本書紀』編』207 ページ「日神の子孫として」、213 ページ「コラム「神武東征」の道を行く」

正解　4

問91

以下の文章は、選択肢の中のどこに書かれているものでしょうか。

　務古水門（むこのみなと／武庫、兵庫県）の地で、神々から再び託宣があり、天照大神の荒魂を広田国（ひろたのくに／現在の廣田神社、兵庫県西宮市）に、稚日女尊を活田長峡（いくたのながおの）国（現在の生田神社、神戸市）に、事代主尊を長田国（現在の長田神社、同前）に、住吉神の和魂を「大津の渟中倉（ぬなくら）の長峡」（現在の住吉大社、大阪市住吉区）に祭られました。

1．仲哀天皇紀　　　2．神功皇后紀
3．応神天皇紀　　　4．仁徳天皇紀

➡『神話のおへそ『日本書紀』編』248ページ「ゆかりの神社の創祀と七支刀」

正解　2

問92

以下の文章の空欄【　】に入る言葉として正しいものを選んでください。

　顕宗天皇の3年（487）2月、任那に遣わされた阿閉臣事代（あへのおみことしろ）が、月神（つきのかみ）の託宣を報告し、山背国の田地が月神に奉られます。これが、松尾大社摂社の月読神社（京都市西京区）の創祀であると考えられています。また、このときの月神の託宣の中に、【　】のはたらきを指す「天地鎔造」（天地を溶かし造る）という語が出てきています。次いで4月には日神の託宣があって、【　】に大和の田地が奉られました。

1．天御中主尊　　2．高皇産霊尊
3．神皇産霊尊　　4．国常立尊

➡『神話のおへそ『日本書紀』編』257ページ「天地鎔造の託宣」

正解　2

問93
以下の文章の【ア】【イ】に入る言葉の組み合わせとして正しいものを選んでください。

荷田春満には『日本紀神代巻剳記（さっき）』5巻がある他、『【ア】紀童謡考』1巻がのちに刊行されています。これは弟子の賀茂真淵に伝えられたもので、難解なことで知られる【ア】天皇紀の【イ】を独自に解読しています。その【イ】とは以下のものです。

まひらくつのくれつれをのへたをらふくのりかりがみわたとのりかみをのへたをらふくのりかりが甲子とわよとみをのへたをらふくのりかりが

1．ア、斉明　イ、夷曲（ひなぶり）
2．ア、斉明　イ、童謡（わざうた）
3．ア、天智　イ、夷曲
4．ア、天智　イ、童謡

➡『神話のおへそ『日本書紀』編』282ページ「国学」、264ページ「皇極天皇・孝徳天皇・斉明天皇紀」

正解　2

問94

以下の文章を読んで空欄【 】に入る言葉として正しいものを選んでください。

【 】の論は、国学者を中心に広く受け入れられてゆき、神道古典の王座の地位は『日本書紀』から『古事記』へと移ることになります。『神代紀髻華山蔭（うずのやまかげ）』1巻は、「神代巻」の記事から漢意に覆われている部分を取り去って、本来の意を明らかにしようとしたものです。

1．荷田春満　　2．賀茂真淵
3．本居宣長　　4．鈴木重胤

➡『神話のおへそ『日本書紀』編』282ページ「国学」

正解　3

以下は、秋篠宮皇嗣・同妃両殿下が「立皇嗣の礼」後、令和4年4月21日に神宮を参拝された時の模様です。この参拝はコロナ禍のため延期になっていたものでした。文章を読んで、問95と問96の設問に答えてください。

　清浄を表す【ア】を冠に付けた神宮禰宜の先導で両殿下が歩いてこられる。

　ご正宮に進まれると、まずは修祓が行われ、外玉垣南御門（とのたまがきみなみごもん）にかけられている白い御幌（みとばり）をくぐって【イ】へと入っていかれた。お手水をとられた後、今度は少宮司の先導により、その門を通ってさらに奥へと入っていかれた。次第によると、両殿下は、ご正殿がある最も清浄な【ウ】という聖域の前に建つ瑞垣御門下の御拝座（ごはいざ）に向かわれた。ここで、大宮司から進められた御玉串（おんたまぐし）をとられて両殿下は拝礼されたという。

　両殿下からのお供え物である幣物は既に殿内に奉奠（ほうてん）されている。拝礼を終えられると、その御玉串を捧げ持った大宮司が【ウ】に参入。ご正殿の階下に控えていた祭主がその玉串を捧持して殿内の御玉串案に奉奠し、その後、階下で両殿下に一礼をもって報告した。これを受けて両殿下も一礼の上、退下（たいげ）された。

　斎館に戻られた後、車で【エ】へと向かわれ、【オ】と同様に参拝された。

問95

【ア】【イ】に入る言葉の組み合わせとして正しいものを選んでください。

1. ア、榊鬘（さかきかずら）
　　イ、中重（なかのえ）
2. ア、木綿鬘（ゆうかずら）
　　イ、九重（ここのえ）
3. ア、榊鬘
　　イ、九重
4. ア、木綿鬘
　　イ、中重

問96

【ウ】【エ】【オ】に入る言葉の組み合わせとして正しいものを選んでください。

1. ウ、内院　エ、内宮　オ、外宮
2. ウ、内院　エ、外宮　オ、内宮
3. ウ、奥院　エ、内宮　オ、外宮
4. ウ、奥院　エ、外宮　オ、内宮

➡ 『皇室』95号26ページ「神宮ご参拝」の27ページ

問95　正解　4　　　問96　正解　1

以下の文章を読んで問 97 と問 98 の設問に答えてください。

　内宮の【ア】の内に設立された皇學館は、「神宮皇學館」として明治 36 年（1903）に官立専門学校となった。昭和 15 年（1940）には「神宮皇學館大學」として官立大学となったが、終戦とともに GHQ による神道指令により大学存立の危機に直面し、同 21 年に官制廃止となり、その歴史を閉じた。しかし、再興の機運は強く、さまざまな努力により、昭和 37 年（1962）元首相の【イ】を総長とする学校法人の皇學館大學が正式認可となり大学再建が果たされた。

問 97
【ア】に入る言葉として正しいものを選んでください。

1．豊宮崎文庫
2．五十鈴文庫
3．古市文庫
4．林崎文庫

問98
【イ】に入る言葉として正しいものを選んで
ください。

1．幣原喜重郎
2．吉田茂
3．片山哲
4．芦田均

➡『皇室』96号102ページ「久邇朝尊神宮大宮司・
合同記者会見」の105ページ、『神社のいろは要
語集　宗教編』121ページ「神宮皇學館」
問97　正解　4　　問98　正解　2

問 99

神宮の御神宝について書かれた以下の文章を読んで空欄【　】に入る言葉として正しいものを選んでください。

　式年遷宮で調進される御神宝の当初の姿を知る史料としては平安時代の記録が残っています。しかし、室町時代に遷宮が一時中断し、再興された後も本来の姿や技術が不明なままの御神宝もありました。往時は、撤下された御神宝は埋められるなどして、人目に触れることもありませんでした。

　それが、明治時代半ばに撤下神宝が保存されるようになり、科学的知見を含む古儀調査が進められました。また、長い歴史のなかで装飾や形状が微妙に変化していた御神宝については遷宮記録を辿ることで、元の姿に戻されたものもあります。こうして叡智を集めて古式に復されたのが、【　】の式年遷宮で調進された御神宝なのです。現在の御神宝の調進において、それは基準であり最大目標なのです。

1．明治 42 年（1909）
2．昭和 4 年（1929）
3．昭和 48 年（1973）
4．平成 5 年（1993）

➡『皇室』97号82ページ「悠仁親王殿下がご覧になった特別展『生きる正倉院　伊勢神宮と正倉院が紡ぐもの』の83ページ

正解　2

1級

問100

以下の文章を読んで【ア】【イ】に入る言葉の組み合わせとして正しいものを選んでください。

かつて天皇の誕生日は「天長節」と呼ばれていた。明治初期より終戦直後まで、天長節は国家の祝祭日で、新年（1月1日）、紀元節（2月11日）、明治節（11月3日）とともに【ア】のひとつとして盛大に奉祝された。

一方、皇后の誕生日は「【イ】節」と呼ばれた。『老子』の一節にあり、物事がいつまでも続くことを意味する。

1．ア、四大節　イ、永遠
2．ア、四大祭　イ、地久
3．ア、四大節　イ、地久
4．ア、四大祭　イ、永遠

➡『皇室』98号6ページ「天皇陛下のお誕生日」

正解　3

都道府県別受検者数

	初級	3級	2級	1級	計
北海道	19	23	10	8	60
青森県	5	5	3	0	13
岩手県	0	2	0	1	3
宮城県	6	16	4	2	28
秋田県	0	1	0	0	1
山形県	2	4	2	2	10
福島県	3	5	3	2	13
茨城県	11	19	6	2	38
栃木県	6	10	1	2	19
群馬県	5	9	5	6	25
埼玉県	58	98	40	27	223
千葉県	41	67	29	13	150
東京都	109	210	111	52	482
神奈川県	54	85	35	17	191
新潟県	8	11	6	3	28
富山県	6	4	4	1	15
石川県	1	3	2	2	8
福井県	2	4	1	1	8
山梨県	2	6	3	1	12
長野県	4	13	4	2	23
岐阜県	8	10	7	4	29
静岡県	12	27	9	3	51
愛知県	17	40	29	9	95
三重県	4	19	15	6	44
滋賀県	6	9	3	1	19
京都府	10	19	12	10	51
大阪府	47	76	28	15	166
兵庫県	17	41	16	7	81
奈良県	2	8	7	2	19
和歌山県	2	4	1	2	9
鳥取県	3	6	1	0	10
島根県	3	10	2	1	16
岡山県	7	11	5	7	30
広島県	10	17	12	6	45
山口県	3	13	6	1	23
徳島県	2	1	0	1	4
香川県	3	3	3	2	11
愛媛県	3	4	2	3	12
高知県	1	1	1	0	3
福岡県	17	35	10	5	67
佐賀県	0	5	1	0	6
長崎県	3	4	0	3	10
熊本県	4	9	3	1	17
大分県	5	10	2	1	18
宮崎県	1	5	1	2	9
鹿児島県	9	14	2	3	28
沖縄県	1	4	1	0	6
合計	542	1,000	448	239	2,229

受検者年齢別

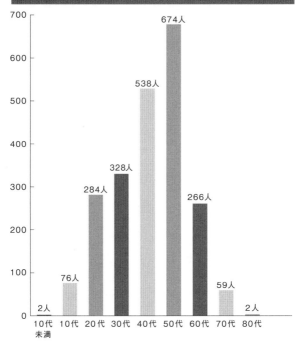

受検者男女比

その他
(13名)

男
(1129名)
50.6%

女
(1087名)
48.8%

合計2229人

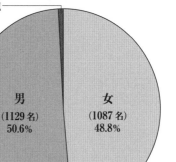

231

3 級		
受検者数	1,000 人
合格者数	811 人
平均点	81.3点

問題番号	正答率(%)	問題番号	正答率(%)	問題番号	正答率(%)
1	99.2%	35	66.5%	69	71.0%
2	99.6%	36	97.7%	70	97.0%
3	92.3%	37	94.2%	71	76.3%
4	88.4%	38	89.3%	72	63.2%
5	95.1%	39	86.2%	73	61.9%
6	82.5%	40	75.9%	74	96.2%
7	94.7%	41	93.9%	75	91.1%
8	53.6%	42	84.1%	76	59.2%
9	87.0%	43	90.5%	77	71.0%
10	87.7%	44	58.2%	78	86.4%
11	85.4%	45	14.9%	79	83.6%
12	94.5%	46	82.2%	80	77.6%
13	90.9%	47	97.8%	81	82.7%
14	87.4%	48	95.3%	82	82.6%
15	96.3%	49	80.4%	83	78.3%
16	94.6%	50	69.9%	84	73.1%
17	89.6%	51	70.5%	85	57.2%
18	89.4%	52	88.2%	86	68.6%
19	94.8%	53	72.0%	87	85.7%
20	86.2%	54	80.7%	88	70.9%
21	98.3%	55	90.9%	89	85.9%
22	93.4%	56	93.6%	90	87.6%
23	89.7%	57	89.4%	91	62.0%
24	93.5%	58	69.3%	92	72.5%
25	85.7%	59	92.7%	93	79.8%
26	84.5%	60	73.6%	94	53.9%
27	97.4%	61	80.9%	95	52.4%
28	89.2%	62	89.9%	96	66.6%
29	89.7%	63	85.2%	97	74.5%
30	96.9%	64	83.8%	98	63.4%
31	81.1%	65	93.8%	99	75.4%
32	26.0%	66	68.8%	100	63.2%
33	88.3%	67	72.2%		
34	97.5%	68	84.7%		

2 級

受検者数	448 人
合格者数	276 人
平均点	73.5点

問題番号	正答率(%)	問題番号	正答率(%)	問題番号	正答率(%)
1	94.9%	35	83.9%	69	55.1%
2	85.0%	36	90.0%	70	50.4%
3	85.0%	37	55.6%	71	67.6%
4	80.4%	38	73.9%	72	60.3%
5	83.0%	39	83.3%	73	59.4%
6	81.3%	40	64.5%	74	64.1%
7	93.3%	41	69.0%	75	54.5%
8	67.4%	42	65.8%	76	73.7%
9	87.5%	43	75.2%	77	72.1%
10	87.5%	44	85.3%	78	74.1%
11	86.2%	45	76.6%	79	70.8%
12	81.7%	46	79.9%	80	58.5%
13	77.2%	47	93.5%	81	41.1%
14	80.8%	48	96.7%	82	56.0%
15	87.5%	49	73.9%	83	73.4%
16	86.4%	50	83.5%	84	75.9%
17	80.1%	51	76.6%	85	63.8%
18	82.8%	52	91.1%	86	61.6%
19	85.5%	53	89.1%	87	62.5%
20	89.5%	54	93.1%	88	70.8%
21	79.0%	55	56.3%	89	69.4%
22	72.1%	56	51.1%	90	58.5%
23	87.5%	57	73.4%	91	53.3%
24	90.6%	58	79.7%	92	69.9%
25	86.8%	59	76.1%	93	66.1%
26	91.1%	60	73.9%	94	52.7%
27	79.7%	61	72.8%	95	72.5%
28	77.7%	62	85.3%	96	68.3%
29	75.7%	63	53.1%	97	43.1%
30	80.4%	64	55.1%	98	36.8%
31	83.7%	65	52.2%	99	19.6%
32	88.8%	66	89.5%	100	50.4%
33	65.2%	67	87.9%		
34	88.2%	68	88.4%		

受検者数	239 人
合格者数	163 人
平均点	76.5点

問題番号	正答率(%)	問題番号	正答率(%)	問題番号	正答率(%)
1	92.5%	35	87.9%	69	83.7%
2	88.7%	36	80.3%	70	71.1%
3	89.5%	37	86.2%	71	78.7%
4	94.6%	38	90.0%	72	73.2%
5	62.8%	39	77.4%	73	70.3%
6	85.8%	40	78.2%	74	94.6%
7	88.7%	41	71.1%	75	92.5%
8	91.6%	42	74.9%	76	86.6%
9	78.7%	43	70.7%	77	83.3%
10	91.6%	44	82.8%	78	82.8%
11	90.8%	45	90.8%	79	76.6%
12	76.6%	46	72.0%	80	76.2%
13	79.9%	47	68.2%	81	64.0%
14	82.8%	48	64.0%	82	69.5%
15	73.6%	49	82.0%	83	77.4%
16	72.0%	50	53.6%	84	69.9%
17	89.5%	51	79.9%	85	65.3%
18	87.9%	52	53.1%	86	72.8%
19	83.7%	53	93.3%	87	59.4%
20	71.1%	54	58.6%	88	79.1%
21	71.5%	55	74.9%	89	66.5%
22	70.7%	56	64.0%	90	71.1%
23	80.8%	57	46.9%	91	73.2%
24	87.0%	58	70.3%	92	40.2%
25	90.0%	59	75.7%	93	49.0%
26	91.2%	60	88.3%	94	63.6%
27	79.5%	61	56.9%	95	58.6%
28	94.6%	62	82.0%	96	39.7%
29	73.6%	63	83.3%	97	62.8%
30	83.3%	64	90.0%	98	74.5%
31	83.7%	65	76.6%	99	36.8%
32	84.1%	66	87.0%	100	64.9%
33	85.4%	67	90.0%		
34	84.1%	68	91.2%		

得点別集計

得点	人数	得点	人数	得点	人数
100 点	7	74 点	19	48 点	5
99 点	25	73 点	16	47 点	5
98 点	33	72 点	22	46 点	3
97 点	38	71 点	16	45 点	5
96 点	34	70 点	16	44 点	2
95 点	50	69 点	17	42 点	1
94 点	27	68 点	9	39 点	1
93 点	45	67 点	9	38 点	2
92 点	30	66 点	12	37 点	2
91 点	31	65 点	13	33 点	1
90 点	34	64 点	9	30 点	1
89 点	35	63 点	11	21 点	1
88 点	25	62 点	9		
87 点	27	61 点	4		
86 点	30	60 点	7		
85 点	18	59 点	6		
84 点	29	58 点	7		
83 点	24	57 点	7		
82 点	32	56 点	4		
81 点	21	55 点	5		
80 点	17	54 点	10		
79 点	24	53 点	3		
78 点	25	52 点	5		
77 点	17	51 点	8		
76 点	25	50 点	3		
75 点	19	49 点	2		

得点	人数
100 点	6
99 点	6
98 点	9
97 点	11
96 点	21
95 点	10
94 点	13
93 点	12
92 点	13
91 点	11
90 点	9
89 点	5
88 点	10
87 点	7
86 点	12
85 点	7
84 点	9
83 点	11
82 点	11
81 点	7
80 点	13
79 点	5
78 点	4
77 点	6
76 点	6
75 点	6

得点	人数
74 点	8
73 点	6
72 点	5
71 点	6
70 点	11
69 点	4
68 点	12
67 点	5
66 点	12
65 点	6
64 点	5
63 点	4
62 点	8
61 点	7
60 点	3
59 点	6
58 点	2
57 点	5
56 点	4
55 点	1
54 点	4
53 点	3
52 点	3
51 点	6
50 点	7
49 点	6

得点	人数
48 点	2
47 点	2
46 点	9
45 点	4
44 点	3
43 点	2
42 点	4
41 点	2
40 点	3
39 点	1
37 点	6
36 点	1
35 点	2
34 点	2
33 点	2
32 点	3
31 点	2
30 点	3
29 点	1
28 点	1
27 点	1
26 点	1
24 点	2

得点	人数		得点	人数		得点	人数
99 点	2		76 点	6		52 点	3
98 点	3		74 点	3		51 点	1
97 点	6		73 点	7		50 点	3
96 点	10		72 点	3		49 点	1
95 点	10		71 点	2		48 点	2
94 点	7		70 点	5		47 点	1
93 点	6		69 点	6		46 点	1
92 点	8		68 点	3		44 点	1
91 点	4		67 点	3		43 点	1
90 点	9		66 点	1		40 点	2
89 点	5		65 点	5		39 点	1
88 点	2		64 点	3		38 点	1
87 点	7		63 点	4		37 点	1
86 点	4		62 点	2		36 点	1
85 点	7		61 点	5		35 点	1
84 点	7		60 点	4		32 点	1
83 点	7		59 点	4			
82 点	4		58 点	5			
81 点	5		57 点	2			
80 点	6		56 点	1			
79 点	8		55 点	2			
78 点	6		54 点	1			
77 点	4		53 点	3			

初級の受験者数、合格者数、平均点は以下です。

受検者数	542 人
合格者数	519 人
平均点	45.5 点（満点は 50点）

公式テキスト① 『神社のいろは』
3級用
参拝作法から、神様、お祭り、歴史まで、
Q＆A方式で平易に解説。神道、神社入門書の決定版。
扶桑社刊　定価：本体 1619 円＋税

公式テキスト② 『神話のおへそ』
神話のあらすじと解説、神話のゆかりの地探訪ルポを掲載。
神話の基礎知識を完全マスター。
扶桑社刊　定価：本体 2000 円＋税

公式テキスト③ 『神社のいろは　続（つづき）』
2級用
神社、神道はどのように成立し、どう展開していったのか。
歴史を知れば神社はもっと楽しくなる！
扶桑社刊　定価：本体 1619 円＋税

公式テキスト④ 『遷宮のつぼ』
「伊勢神宮」だけでなく、出雲大社から上賀茂・下鴨神社まで。
神社にとって最も大切な「遷宮」の意義と内容を完全解説。
扶桑社刊　定価：本体 2000 円＋税

公式テキスト⑤ 『神社のいろは要語集　宗教編』
1級用
神道理解に必須の重要用語を網羅！
これが分かれば、あなたは立派な神道通。
扶桑社刊　定価：本体 2600 円＋税

公式テキスト⑥ 『日本の祭り』
　お祭りとは一体、何なのか？ 豊富なルポとコラムで読み解く
日本の信仰の「かたち」と「こころ」。
扶桑社刊　定価：本体 2000 円＋税

公式テキスト⑦ 『神社のいろは要語集　祭祀編』
1級用
『神社のいろは要語集　宗教編』の続編。
併読すれば、神道理解はさらに深まる。
扶桑社刊　定価：本体 2700 円＋税

公式テキスト⑧ 『万葉集と神様』

日本人のこころの原点『万葉集』。
万葉びとの神様への信仰と思いをやさしく解説。
扶桑社刊　完売

公式テキスト⑨ 『神話のおへそ『古語拾遺』編』

『古事記』『日本書紀』に並ぶ神道の重要古典『古語拾遺』を
やさしく解説。好評だった『神話のおへそ』第2弾！
扶桑社刊　定価：本体2000円＋税

公式テキスト⑩ 『神話のおへそ『日本書紀』編』

『日本書紀』の全容と、「神話」の部分を深く理解する。
好評シリーズ『神話のおへそ』第3段！
扶桑社刊　定価：本体2000円＋税

公式テキスト⑪　神社のいろは特別編
『伊勢神宮と、遷宮の「かたち」』

好評だった『遷宮のつぼ』の改訂版！
扶桑社刊　定価：本体2000円＋税

副読本 『マンガならわかる！『日本書紀』』
初級用

扶桑社刊　定価：本体2000円＋税

副読本 『マンガ版　神社のいろは』
初級用

扶桑社刊　定価：本体2000円＋税

副読本 『マンガならわかる！『古事記』』
初級・3級用

扶桑社刊　定価：2000円＋税

季刊誌 『皇室』 シリーズ

皇室の方々のご動静と皇室ゆかりの日本文化を紹介する雑誌。
1月4月7月10月の各25日に発売
扶桑社刊　定価：本体1600円＋税

『神社検定　問題と解説』 シリーズ

扶桑社刊　第10回　定価：本体1250円＋税
（品薄のため、バックナンバーは電子書籍をご利用ください）

全国書店・公式ホームページで販売

監修	神社本庁
執筆	伊豆野 誠（扶桑社「皇室」編集部編集長）
編集	扶桑社「皇室」編集部
校閲	聚珍社
デザイン	坂本浪男

第11回 神社検定
問題と解説
参級 弐級 壱級

3級「神社の基礎と神話」編 全100問
2級「神社の歴史と神話」編 全100問
1級 指定テキストから総合的に出題 全100問

令和5年(2023)12月20日 初版第1刷発行

企 画	公益財団法人 日本文化興隆財団
発行者	小池英彦
発行所	株式会社扶桑社
	〒105-8070 東京都港区芝浦1-1-1
	浜松町ビルディング
	電話 03-6368-8879（編集）
	03-6368-8891（郵便室）
	ホームページ http://www.fusosha.co.jp/
印刷・製本	大日本印刷株式会社